AF145280

Wilfried Richert

Das Mysterium der Frau Holle

mit 11 farbigen Abbildungen

Das Buch

Das Märchen von Frau Holle gehört zu den beliebtesten Märchen weltweit. Hinter der Geschichte eines braven Mädchens, das für seine hausfraulichen Fähigkeiten großzügig belohnt wird, verbirgt sich ein uralter Mythos. Wilfried Richert hat die Symbole dieses Märchens bis in ihre Einzelheiten entschlüsselt und vielfältige Verbindungen zum Große-Göttin-Kult aus frühester Zeit der Menschheitsgeschichte nachgewiesen. Die Beschreibung spiritueller Erfahrungen an den heiligen Orten der Frau Holle am Hohen Meißner rundet die Erforschung des Frau-Holle-Mythos ab. Dadurch kann der Autor eindrucksvoll belegen, welche konkreten Antworten dieses Märchen auf ewig aktuelle (Über-)Lebensfragen gibt. Dass der Frau-Holle-Mythos heute wieder auf vielfältige Weise unter uns lebendig ist, wird an vielen Beispielen aufgezeigt.

Der Autor

Wilfried Richert, 1949 geboren, lebt seit 1979 am Fuße des Frau-Holle-Berges, dem Hohen Meißner in Nordhessen. Forscht seit 1992 zum Thema „Frau Holle". Mitarbeit im Morgane-Zentrum seiner Frau Ute Wilke-Richert, die als Diplomingenieurin und Ethnologin seit mehr als zehn Jahren geomantisch sowie spirituell-schamanisch arbeitet und Seminare zu diesen Themen leitet.
Oberstudienrat i.R., 35 Jahre Tätigkeit als Lehrer für Geschichte, Politik, Betriebs- und Volkswirtschaftslehre. Langjähriger Leiter der Schulprogrammentwicklung. Nebenberuflich zeitweise Selbstversorgungslandwirtschaft betrieben. Mitarbeit in Umweltschutzorganisation und lokaler Radiostation. Atlantiküberquerung und Südamerikareise mit der Familie. Mitautor des Reisebuchs: „So war das nicht geplant. Eine außergewöhnliche Familienreise." (ISBN 978-3-8334-8524-4)

Wilfried Richert

Das Mysterium der Frau Holle

das Märchen

die heiligen Orte

der Mythos

die Botschaft

Bibliografische Information der Deutschen Nationalbibliothek

Die Deutsche Nationalbibliothek verzeichnet diese Publikation in der
Deutschen Nationalbibliografie; detaillierte bibliografische Daten sind
im Internet über http://dnb.d-nb.de abrufbar

Satz, Umschlagdesign, Herstellung und Verlag:
BoD - Books on Demand, Norderstedt

ISBN 978-3-7347-3858-6

Inhalt

Anhang

für Ute

1. Erste Schritte auf dem Weg zu Frau Holle

Nach einem Jahrhundert der Frauenemanzipation gehört ein Text zu den beliebtesten Geschichten der Deutschen, der das Ideal der braven Hausfrau feiert: das Märchen von Frau Holle. Es steht auf der Märchen-Hitliste weit oben und wurde 2006 sogar zu Deutschlands schönstem Märchen erkoren.

Ein unscheinbares Mädchen aus kleinen Verhältnissen, schön, gehorsam und arbeitsam, gelangt durch Fleiß und gute Haushaltsführung zu Reichtum (vgl. Abb. 1). Das soll das Vorbild sein, von dem noch im 21. Jahrhundert den Kindern – vor allem Mädchen – vor dem Schlafengehen erzählt wird? Wie kann das sein? Denken moderne Eltern nicht darüber nach, was sie ihren Kindern da vorlesen? Oder treibt hier eine romantisch verklärte Heile-Welt-Sehnsucht ihr Unwesen?

Oder aber geht es uns mit dem Frau-Holle-Märchen so wie auf einem Waldspaziergang mit dem Förster? Wir sehen den Weg, die Bäume, das Sonnenlicht. Aber erst, wenn der Förster uns darauf aufmerksam macht, bemerken wir Tierspuren im Unterholz, entdecken einen gut getarnten Reiher am Seeufer, erkennen am Wuchs der Pflanzen die geologischen Besonderheiten des Waldbodens. Wir nehmen plötzlich Dinge wahr, für die wir vorher blind gewesen sind. Birgt das Frau-Holle-Märchen auf vergleichbare Weise Geheimnisvolles, das wir bislang übersehen haben und allenfalls nur erahnen?

Haben wir uns jemals gefragt, wie es möglich sein kann, dass eine Holle, die unter der Erde wohnt, Schnee vom Himmel fallen lassen kann? Ist uns aufgefallen, dass es in diesem Märchen keinen Mann gibt, obwohl doch der Prinz oder der König zur Grundausstattung von Märchen gehört? Welche weiteren blinden Flecken gibt es noch in unserer Holle-Wahrnehmung?

Märchen erzählen nicht nur Geschichten. Ihre Bilder und Symbole enthalten Botschaften aus alter Zeit. Sie holen Erinnerungen aus dem Unbewussten, die über Jahrhunderte wenn nicht gar Jahrtausende von Generation zu Generation überliefert wurden, und schaffen eine Atmosphäre, die Mythen aus grauer Vorzeit in uns zum Klingen bringt. Märchen überliefern Inspirationen, die uns von menschlichen Gesellschaften durch die Eingeweihten früherer Zeiten überliefert wurden.

Was also erzählt uns das Frau-Holle-Märchen wirklich? „Ein echtes Märchenbild hat immer einen doppelten Boden, unter welchem sich – wie bei allen Geheimfächern – das Wesentliche versteckt."
(Marcus Kraneburg)

Ich möchte Sie einladen, mit mir auf eine Entdeckungsreise in dieses „Geheimfach", in den verborgenen Kern des Frau-Holle-Mythos zu gehen. Wir werden erleben, dass trotz der vordergründigen Geschichte eines braven Mädchens, das für seine Tugend großzügig belohnt wird, nichts vom Urwissen in diesem Märchen verloren gegangen ist. Es will nur entdeckt werden. Und Sie werden sehen: der Jahrhunderte alte mythische Kern des Frau-Holle-Märchens hat uns auch und gerade heute Wichtiges zu sagen.

Wie kommen wir dem Frau-Holle-Mythos näher?

Ich habe zwei Zugänge zum Frau-Holle-Mythos genutzt. Zum einen habe ich die einzelnen Bilder des Frau-Holle-

Märchens herausgearbeitet und die enthaltenen Symbole so genau wie möglich entschlüsselt und in ihrem Zusammenhang dargestellt. Ich gehe dabei so weit wie möglich über die bisher bekannten Deutungsversuche hinaus und beziehe auch die spirituelle Ebene ein.

Als zweiten Zugang zum Holle-Mythos ergänze ich die Aussagen des Märchens um die Botschaften der heiligen Orte der Frau Holle am Hohen Meißner. Ich beschreibe diese Orte und berichte von den spirituellen Erfahrungen, die meine Frau Ute und ich an diesen Orten seit rund zehn Jahren gemacht haben. Schließlich führe ich beides dann zusammen zu einem neuen umfassenden Verständnis des Frau-Holle-Mythos.

Diesen Frau-Holle-Mythos allein auf eine „streng wissenschaftliche Weise" verstehen zu wollen, wäre so, als ob man den langen Weg zum Kern des Märchen-Themas und zur Frau Holle auf einem Bein erwandern wollte. Nutzen wir also „beide Beine": die (kritisch zu betrachtenden) wissenschaftlichen Aussagen zum einen und unsere Intuition, unsere Phantasie, unseren Spürsinn, unsere Resonanz zum anderen.

Fragen wir uns also, was das Frau-Holle-Märchen in uns

zum Klingen bringt! Und folgen Sie mir zu den heiligen Orten der Frau Holle und spüren Sie mit mir, was sie uns zu sagen haben.

Ich darf Ihnen schon jetzt verraten, dass wir auf diesem Weg überraschende und neue Antworten auf die Frage finden werden, warum dieses Märchen heute immer noch so beliebt ist, obwohl seine verstaubt anmutende Fassade so gar nicht in unsere Zeit zu passen scheint.

Um den in einem Märchen enthaltenen Mythos entschlüsseln zu können, muss man seine Wahrnehmungsfähigkeiten erweitern. Darum geht es in den folgenden beiden Kapiteln.

Da die Brüder Grimm das Holle-Thema in ihrem Sinn stark bearbeitet haben, nehme ich Sie dann mit auf einen kurzen Ausflug in die Welt der Brüder Grimm, um ihnen hinter die Kulissen schauen zu können.

Auf diese Weise erfahren Sie, von welchen Überlegungen ich bei der Entschlüsselung des Frau-Holle-Märchens ausgegangen bin.

Im Anschluss an die Entschlüsselung der Symbolik des Märchens stellt sich die Frage, wen oder was die Frau Holle darstellt. Die heiligen Orte der Frau Holle am Hohen Meissner in Nordhessen geben uns dazu auf spirituellem Wege erste Hinweise, über die ich im 6. Kapitel berichte.

Anschließend gehe ich der Frage nach, wie der Frau-Holle-Mythos in Form der Verehrung der Großen Göttin über Jahrhunderte seinen Weg bis in die heutige Zeit finden konnte. Abschließend fasse ich zusammen, welche konkreten Antworten das Frau-Holle-Märchen auf ewig aktuelle (Über-)Lebensfragen gibt und auf welche Weise Frau Holle heute unter uns lebendig ist.

2. Frau Holle und die Wissenschaft

Das Wesentliche einer nicht-intellektuellen Überlieferung, wie sie Märchen, Mythen und Symbole darstellen, können wir auf rein intellektuellem Weg nicht erkennen. Märchen bedienen sich einer symbolischen Sprache, in der durch die Schilderungen der Außenwelt religiöse und philosophische Ideen und Erfahrungen der Seele ausgedrückt werden.

Oft sind die in verschiedenen Kulturen gebrauchten Symbole einander ähnlich, weil sie auf Sinneswahrnehmungen und emotionale Erfahrungen zurückgehen, die den Menschen aller Kulturen gemeinsam sind (vgl. Erich Fromm: Märchen, Mythen, Träume). So gibt es universale Symbole wie Feuer, Wasser, Erde, Luft, die alle Menschen verstehen, weil sie elementare Gefühle repräsentieren.

Je nach Erfahrungshintergrund können aber durchaus unterschiedliche Aspekte im Vordergrund stehen, so kann Feuer als Symbol sowohl für das Wärmende als auch das Vernichtende stehen. Bezogen auf das Frau-Holle-Märchen heißt dies, dass der Backofen und das Brot zum Beispiel nicht wörtlich zu verstehen sind, sondern als Symbol für etwas ganz anders stehen. Logisch lässt sich nicht erschließen, warum Goldmarie dem Backofen mitten auf einer blühenden Wiese begegnet. Ein Sinn ergibt sich nur über die Entschlüsselung des Backofens als Symbol im Rahmen des erzählten Zusammenhangs. Dazu sind Phantasie und Vorstellungsvermögen erforderlich. Mit einer rein realistischen, rationalen Herangehensweise wäre ein Sinn nicht zu erkennen.

Dass Symbole gerade auch in unserer so rationalen Welt (oftmals unbewusste) Wirkungen auf uns haben, beweisen uns die Marketing-Fachleute jeden Tag aufs Neue. Ein Krokodil auf einem Pullover, ein Jaguar oder ein Stern auf der Motorhaube, welche Botschaften übermitteln uns diese Symbole über ihre Besitzer, was bedeuten solche Symbole für uns? Auch dass wir uns z. B. bei der Begrüßung die Hand geben, ist eine (unbewusste) symbolische Handlung. Sie zeigt unserem Gegenüber, dass wir unbewaffnet sind und ihm offen begegnen wollen.

Da sich Märchen einer symbolhaften Sprache bedienen, gilt für sie Ähnliches wie für die heiligen Schriften der Religionen. „Das heilige Buch (…) ist ein Kryptogramm, wie man das nennt, ein Buch der Symbole. Es sagt uns, dass wir die Wirklichkeit nicht einfach so verstehen können. Wenn wir das versuchen, entschwindet sie am Horizont. (...) Der Koran lässt das Offensichtliche aus, und das fordert vom Leser eine gewisse Arbeit. Genau wie die großen Kunstwerke. Und die Idee, die dahinter steckt, ist, dass man mit dieser Arbeit in neue Bereiche des Bewusstseins vordringt, Bereiche, in die man niemals käme, wenn man sein Wissen als Babykost zu sich nähme." (Anthony McCarten in: Englischer Harem).

Dies gilt nicht nur für die heiligen Bücher der Menschheit, sondern auch für die Kunst. „Der Wert eines Gemäldes gründet nicht in der Qualität der Leinwand und der Farben, sondern die materiellen Bestandteile des Bildes sind lediglich Träger und Vermittler einer Idee eines inneren Bildes des Künstlers. Leinwand und Farbe ermöglichen dabei die Sichtbarwerdung des sonst Unsichtbaren und sind so physischer Ausdruck eines metaphysischen Inhaltes." (Dethlefsen/Dahlke: Krankheit als Weg, S. 16)
Der bolivianische Schamane Chamalú schreibt z. B. zu den vielen Theorien über die Bauwerke der Inka in Südamerika: „Der moderne Mensch wird niemals im Stande sein, die Konstruktion der großen Tempel, Monumente und anderen majestätischen Gebäude der Anden zu verstehen, solange er dickköpfig darauf

besteht, seinen Verstand als Instrument zu benutzen, nicht-verstandesmäßiges Wissen zu verstehen."

Für den überwiegenden Teil der wissenschaftlichen Theorien der Vergangenheit gilt, das es heute widerlegte Theorien sind. Einen besonders unrühmlichen Höhepunkt kann man in der „wissenschaftlichen" Erklärung sehen, dass „die relative Kleinheit des Frauenhirns zum Teil von ihrer körperlichen Unterlegenheit und zum Teil von ihrer geistigen Unterlegenheit (gegenüber dem Manne, W.R.) herrührt." (Heinrich Zankl). Diese Erkenntnis passte nur zu gut in die gesellschaftlichen und politischen Überzeugungen der Herren in der ersten Hälfte des 19. Jahrhunderts, übrigens: der Zeitgenossen der Brüder Grimm. Auch Archäologie und Geschichtswissenschaften liefern viele Beispiele für peinliche Irrtümer, z. B. die Interpretation der steinzeitlichen „Venus"-Figurinen als Handschmeichler für Männer, Schliemanns „Schatz des Priamos", die Pippinsche Schenkung, Marco Polos China-Reisen.

Darüber hinaus werden wissenschaftliche Erkenntnisse oft genug verschwiegen, wenn sie einen Bruch mit der traditionellen Lehrmeinung bedeuten oder die Karriere des Wissenschaftlers gefährden. Der Umgang mit wissenschaftlichen Erkenntnissen erfordert also Vorsicht und einen kritischen Blick. Die Behauptung, etwas sei „streng wissenschaftlich erwiesen", ist also nicht von vornherein ein Qualitätsmerkmal.

Dem Frau-Holle-Mythos kann man allein auf „streng wissenschaftliche Weise", durch sachliche, nüchterne Auswertung der Quellen auf der Grundlage nachweisbarer Tatsachen nicht allzu nahe kommen. Diese rein verstandesmäßige Vorgehensweise beschränkt sich auf das vordergründig Sichtbare, auf das Berechenbare und statistisch Auswertbare. Wo kämen wir hin, wenn wir behaupteten, alles, was nicht wissenschaftlich erklärt werden kann, existiere nicht?

Dennoch beziehe ich in meine Überlegungen zum Frau-Holle-Mythos natürlich auch die wissenschaftlichen Forschungsergebnisse ein. Aber damit lässt sich nur ein Teil des Frau-Holle-Mythos erklären. Wir müssen darüber hinaus gehen, denn auch hier gilt: „Das Ganze ist mehr als die Summe seiner Teile." (Aristoteles)

Unser Märchen von Frau Holle ist also ein Text der Symbole und Ausdruck eines metaphysischen Inhaltes.

Und den heiligen Orten der Frau Holle kommen wir nur näher, wenn wir über die archäologischen Befunde hinaus zu ihnen in Resonanz gehen. Wenn ich im Verlauf der folgenden Überlegungen also die Schwingungen des Märchens und der heiligen Orte der Frau Holle aufzeichne und in Resonanz zu ihnen gehe, stelle ich mich nicht in einen Gegensatz zur Wissenschaft, sondern ergänze sie um einen wichtigen Erfahrungs- und Erkenntnisbereich.

3. Frau Holle und unsere Wahrnehmung

Wie alle Märchen, so kommt auch das Frau-Holle-Märchen mit relativ wenigen Worten aus. Und dennoch haben wir - besonders natürlich die Kinder - eine Fülle von reichhaltigen Bildern vor Augen, wenn wir dieses Märchen vorgelesen bekommen.

Diese Bilder entstehen in unserem Kopf und beruhen auf Wahrnehmungen, die uns meist völlig unbewusst sind. Für unsere Versuche, die Symbolik dieses Märchens zu entschlüsseln, ist es daher unumgänglich, uns zu fragen, wie wir etwas wahrnehmen. Wenn wir später die mythischen Orte der Frau-Holle-Verehrung aufsuchen, wird diese Frage erneut auftauchen.

Was wir mit unseren fünf Sinnen wahrnehmen können, ist nur ein kleiner Teil des Universums. Wie schlecht sehen wir doch verglichen mit einem Adler, der noch aus der Entfernung von einem Kilometer eine Maus entdecken kann. Und unsere Hunde hören Dinge, lange bevor wir sie hören oder wir hören sie gar nicht. Und selbst, wenn wir etwas mit unseren Sinnen wahrnehmen können, nehmen wir es oft nicht wahr, weil wir es nicht erwartet haben, weil wir es nicht wiedererkennen, weil es in unser durch Herkunft, Geschlecht, Beruf usw. bestimmtes Wahrnehmungsraster nicht hinein passt. Wie sehr unsere Wahrnehmung selbst von der Art unserer Fortbewegung abhängig ist, erkennen wir, wenn wir ein und dieselbe Landschaft zu Fuß, mit dem Fahrrad, dem Auto oder gar dem Flugzeug "erfahren".

Andererseits wissen wir, dass wir mehr als fünf Sinne haben, z. B. einen Orientierungssinn, Gemeinsinn, Sinn für Ästhetik. Und dann gibt es einen Sinn für das, was die Materie beseelt, den wir Spiritualität nennen können. Weiterhin gibt es Menschen, die hellsichtig oder hellhörend sind und Dinge wahrnehmen, die der "normale" Mensch nicht wahrnimmt.

Einerseits existiert also viel mehr als wir normalerweise wahrnehmen. Andererseits "ergänzt" unser Gehirn oft, was unsere Sinne nicht wahrnehmen, und führt uns so in Täuschungen hinein. Das, was wir bewusst erleben, ist also „weniger ein Abbild der Wirklichkeit als vielmehr ein Tunnel durch die Wirklichkeit" (Thomas Metzinger).

Wenn wir denken, bewegen wir uns in einer festen Raum-Zeit-Struktur, wie wir sie aus unserem Alltag kennen. Aber wir wissen aus unseren Träumen, dass wir durchaus in der Lage sind, die Grenzen von Raum und Zeit zu überschreiten. Jede(r) hat schon einmal gesagt: "Hätte ich doch auf mein Gefühl gehört!" Wenn wir also unserer Intuition, unserem Gespür trauen, sind wir oft auf einem besseren Weg, als wenn wir allein auf unseren Verstand setzen. Rationalität ist immer eindimensional, linear und ans Unbelebte angepasst (Hans-Peter Dürr). Selbst die moderne betriebswirtschaftliche Entscheidungstheorie ist inzwischen zu der Erkenntnis gelangt, dass intuitiv getroffene Entscheidungen oftmals die wirtschaftlich sinnvolleren Entscheidungen sind.

Wenn wir einen Menschen auf seine Materie reduzieren könnten, so wäre diese Materie kleiner als ein Stecknadelkopf. Zu mehr als 99 Prozent bestehen wir also aus Nichts, aus den leeren Räumen zwischen den Teilchen, aus denen unsere Atome bestehen. Dieses Nichts enthält die Informationen, die die Materie unseres Körpers strukturieren. Nur so können aus einer Stammzelle ganz verschiedene Organe entstehen. Dieses Nichts zwischen den Elementarteilchen ist Information, ist Schwingung. Genauer gesagt: die ganze Welt ist Schwingung. Inzwischen konnte z.B.

hörbar gemacht werden, wie ein Getreidefeld klingt. Ebenso erzeugen die Planeten durch ihre Bewegung im Weltraum Klang, der für menschliche Ohren hörbar gemacht werden kann. Das Universum ist Klang, zu dem wir in Resonanz stehen. Wenn die Bibel mit den Worten beginnt: Am Anfang war das Wort, dann ist genau dies gemeint: die Welt ist Klang, ist Schwingung, ist Information, ist Geist (engl. spirit).

Um es mit den Worten des Physikers Hans-Peter Dürr zu sagen: Grundlage der Welt ist nicht die Materie, sondern die Potenzialität, das heißt die Transparenz, die Möglichkeiten. Materie ist geronnener Geist, ist so etwas wie die Kruste des Geistes. Wenn wir nur die Kruste betrachten, verstehen wir nicht den Grund dieser Welt. Was geronnen ist, hat keinen Anteil an der Evolution. Der Geist macht die Evolution.

Mittlerweile gibt es physikalische Untersuchungen, die zu dem Schluss führen, dass unter bestimmten Umständen nicht nur Lichtteilchen (Photonen), sondern auch Elementarteilchen (kleinste Bausteine der Materie) in Überlichtgeschwindigkeit miteinander kommunizieren, wie der Biologe Rupert Sheldrake es in seinem Konzept der morphogenetischen Felder beschrieben hat.

Kein Objekt ist also als isoliertes System zu betrachten. Mathias Bröckers, der schon 1994 unter der Schlagzeile „Atomtelepathie" über Forschungsergebnisse zu diesem Thema berichtete, fragte sich: „Sendet etwa das gesamte Universum auf Milliarden Simultanwellen Billionen von Programmen – und wir blinden Hühner empfangen von dieser vibrierenden Programmvielfalt keinen einzigen Kanal?"

Die Antwort lautet: wir können unser Sensorium entwickeln und trainieren, um zumindest einen Teil dieser Frequenzen zu empfangen. Wir können unsere Wahrnehmung um spirituelle Wahrnehmungen erweitern. So wie Magier und Medizinmänner und -frauen dies schon seit Jahrtausenden können und heute noch praktizieren.

Spirituelle oder auch mystische Erfahrungen übersteigen unser Vorstellungsvermögen. Darüber lässt sich nicht diskutieren. Man kann nur sagen, man hatte solche Erfahrungen oder man hatte sie noch nicht (C.G. Jung). Im 6. Kapitel dieses Buches, wo es um die heiligen Frau-Holle-Orte geht, gebe ich einige Hinweise, wie man erste Schritte auf dem Weg zu spirituellen Erfahrungen machen kann. Weiterführende Seminare dazu sind im Internet zu finden z. B. auf www.morgane-zentrum.de.

Ich kann hier das Thema "menschliche Wahrnehmung" nur skizzieren, weil sonst dieses spannende Thema den Rahmen des Buches sprengen würde. Aber diese wenigen Überlegungen reichen aus, um deutlich zu machen, dass wir unsere Wahrnehmungsfähigkeit erweitern und unsere Sinne sensibilisieren müssen, wenn wir den Botschaften von Märchen, Mythen und heiligen Orten näher kommen wollen. Wenn uns das gelingt, erleben wir Dinge, die uns bis dahin verborgen geblieben sind.

4. Frau Holle und die Brüder Grimm

Ebenso wie die Geschichtsschreibung immer von der jeweiligen Zeit sowie von den jeweiligen Interessen, Einstellungen und Zielen der Geschichtsschreiber geprägt ist, so sind auch die Märchen, die die Brüder Grimm bearbeitet und geschrieben haben, bestimmt durch den Zeitgeist des 19. Jahrhunderts und die Weltsicht der Brüder Grimm. Wollen wir den mythischen Kern des Frau-Holle-Märchens finden, so müssen wir den Schleier, hinter dem er versteckt wurde, erkennen und zur Seite schieben.

Zu den von ihnen gesammelten Märchen geben die Brüder Grimm keine Quellen an. Dass sie die Märchen von der Märchenfrau Dorothea Viehmann überliefert bekommen hätten, ist eine Legende. Die Grimmschen Märchen stammen – nach allem, was die Wissenschaft recherchieren konnte – von Verwandten und Freunden, allesamt akademisch gebildete Mittelsmänner, sowie aus Zeitschriften, Büchern und Reiseführern des 19. Jahrhunderts. Diese Quellentexte haben die Brüder Grimm dann „in unserer Weise umgeschrieben", wie sie in ihrem Anmerkungsband zu ihrer Märchensammlung 1856 darlegen. Die Grimmschen Märchen sollen eine

Tugendlehre für das gutbürgerliche Milieu sein, um Fleiß, Reinlichkeit, Arbeitsamkeit und Christlichkeit als Ideale zu vermitteln. So schreibt Jacob Grimm, das Grimmsche Märchenbuch solle „ein Volks- und Erziehungsbuch, namentlich auch in der feineren Welt, werden" zum Unterrichten und Belehren von Kindern. Daher wurde Anstößiges, Erotisches oder Sexuelles umgeschrieben oder weggelassen.

Die Grimms stehen unter dem Eindruck des von Rousseau in seinem Bildungsroman „Emil oder über die Erziehung" ein halbes Jahrhundert zuvor geprägten Erziehungsideals. Es sei ein Gesetz der Natur, dass die Frau eigens geschaffen sei, um dem Mann zu gefallen. Seine idealtypische Frau sei die sittsame, fürsorgliche und liebende Ehefrau: „Die Herrschaft der Frau ist eine Herrschaft der Sanftmut, der Geschicklichkeit und der Nachgiebigkeit. Ihre Befehle sind Zärtlichkeiten, ihre Drohungen sind Tränen." (Rousseau)

Der Vater der Brüder Grimm war Landrat und Richter, die Mutter war Tochter eines Kanzleirates. Jacob und Wilhelm Grimm waren Musterschüler, beide studierten Rechtswissenschaften in Marburg. Jacob wurde Bibliothekar, Wilhelm Rechtsanwalt. Die Brüder finden eine Anstellung an der kurfürstlichen Bibliothek in

Kassel, später bekommen sie eine Professur an der Universität Göttingen. Die Titel ihrer Antrittsvorlesungen: „Über die Liebe zur Heimat" und „Über die Vaterlandsliebe". Beide Brüder sind wenig in der Welt herumgekommen, allenfalls Jacob hat einige Nachbarländer Deutschlands bereist. In einer Zeit des gesellschaftlichen Aufbruchs einerseits und des Biedermeier andererseits lehnten sie den linken Freiheitsdrang und den demokratischen Radikalismus ab. Ihre Vorliebe galt der Hausväterliteratur der Romantik.

Clarissa P. Estés wird in ihrem Buch „Die Wolfsfrau" ganz deutlich:

„Unter Historikern geht man davon aus, dass den christlich gläubigen Brüdern von vornherein schon eine 'purifizierte' Form der alten Legenden aufgetischt wurde, (...). Außerdem wird angenommen, dass die Brüder es ihrerseits ähnlich hielten und die ältere, meist heidnische Symbolik geflissentlich ausließen oder sie in eine christliche Symbolik verwandelten. Auf diese Weise wurde eine alte Heilerin zur bösen Hexe, ein Naturgeist zum Engel, der Schleier im heidnischen Einweihungsritual zum trivialen Taschentuch. Sexuelle Elemente wurden selbstverständlich ganz eliminiert und hilfreiche Fabeltiere, die einem Sucher den Weg in die Unterwelt der eigenen Seelentiefen weisen konnten, wurden in sinnlos grausame Teufel oder Dämonen verwandelt. So ging (nicht nur, W.R.) den Frauen ein unermesslicher Schatz an alten lehrreichen Geschichten über Sex, Liebe, Eheleben, Schwangerschaft, Gold und Geld, die weibliche Transformation und den Tod verloren."

Mit der Feststellung im letzten Satz bin ich natürlich nicht einverstanden, denn gerade mit der Arbeit, die zu diesem Buch geführt hat, habe ich den Versuch unternommen, diesen Schatz zu heben, die Teile zu sichten und zu neuem Leben zu erwecken.

5. Das Frau-Holle-Märchen als mythisches Rätsel

Jede(r), der Kindern ein Märchen erzählt hat, weiß, wie wichtig es ist, <u>wie</u> ein Märchen erzählt wird. Es wird eine Atmosphäre geschaffen, Erinnerungen werden geweckt, eine gefühlsmäßige Beziehung zum Inhalt des Märchens, zu den darin vorkommenden Personen und auch zur Erzählerin bzw. zum Erzähler wird aufgebaut. Märchen erzählt bekommen (aber auch Märchen erzählen) ist wie ein Heilmittel für die Seele. Die Wirkungen eines Märchens gehen also weit über verstandesmäßiges Verstehen hinaus.

Märchen enthalten Mythen, die über viele Generationen weiter getragen wurden. Mythen gehören zum kulturellen Gedächtnis einer Gesellschaft, sie enthalten Typisierungen/Stereotype, die zur moralischen Unterweisung eingesetzt wurden und werden (Gerald Hüther). Aus der Biografie der Brüder Grimm wissen wir, in welchem Sinn und mit welcher Absicht der Holle-Mythos bearbeitet wurde. Daher dürfen wir uns nicht von dem vordergründigen Aspekt der Erziehung eines Mädchens zu einem guten Hausmütterchen ablenken lassen. Begeben wir uns also auf die Suche nach der Bedeutung der Symbole und Bilder, die im Frau Holle-

Märchen versteckt sind. Symbole sind Hinweise auf das Wesentliche (Williges Jäger). Ich betrachte zunächst die einzelnen Abschnitte für sich und füge zum Schluss die Mosaiksteine zu in sich stimmigen Bildern zusammen.

Das Frau-Holle-Märchen beginnt so:

Eine Witwe hatte zwei Töchter, davon war die eine schön und fleißig, die andere hässlich und faul. Sie hatte aber die hässliche und faule, weil sie ihre rechte Tochter war, viel lieber, und die andere musste alle Arbeit tun und der Aschenputtel im Hause sein.

Das Frau-Holle-Märchen gehört zu den wenigen Märchen, in denen keine männliche Figur vorkommt (ausgenommen der Hahn). Wer ist Goldmaries Vater? Für den Verlauf der Ereignisse spielt „der" Mann offensichtlich keine Rolle.

Insgesamt gibt es vier Personen: Frau Holle, Goldmarie, die Stiefmutter und die Stiefschwester (Pechmarie). Würde man eine Familienaufstellung probieren, stünde auf der einen Seite Frau Holle mit der Goldmarie, auf der anderen Seite die Stiefmutter mit der Pechmarie. Eine „helle" Seite stünde einer „Schatten"-Seite gegenüber. Da jeder Mensch diese beiden Seiten in sich trägt, taucht die Vermutung auf, ob nicht alle vier Personen dieses Märchens eine Person verkörpern und einen inneren Konflikt austragen. Goldmarie, die am Ende sehnsuchtsvoll zu ihrer „Familie" heimkehren möchte, könnte das Verbindungsglied sein. Eugen Drewermann sieht dagegen in der Stiefmutter die „Frau Welt" als Gegenspielerin der Frau Holle, in Goldmarie das Sonnenmädchen und in der Pechmarie das Mondmädchen. Himmel und Erde, Sonne und Mond bestimmen in ihrem Zusammenspiel das Leben der Menschen. Wir kommen am Ende noch einmal darauf zurück.

Wir (ebenso wie die Brüder Grimm) verbinden mit „Aschenputtel" ein unscheinbares Dienstmädchen, das die Drecksarbeit erledigen muss. Geht man auf den Ursprung des Wortes zurück, ergibt sich ein völlig anderes Bild. Das Aschenputtel gehört zum Feuer (Asche = das zum Feuer Gehörige). Der Herd war in früheren Zeiten der Mittelpunkt des Hauses. Wenn das Aschenputtel die Sorge für das Feuer zu übernehmen hatte, so war dies eine besonders wichtige, ja lebenswichtige Aufgabe. Im antiken Griechenland war der Herd das kulturelle Zentrum des Hauses, das der

Göttin Hestia gewidmet war. Erst später wurde das Aschenputtel „die in der Asche Wühlende", also etwas Verachtenswertes. Seit es Menschen auf der Erde gibt, ist die Feuerstelle der Mittelpunkt der Familie und der Gemeinschaft. Später galt der Rauchabzug über dem Hausfeuer als Geistertor. Die Hüterin des Hausfeuers war daher zugleich eine wichtige schamanische Wächterin.

Das arme Mädchen musste sich täglich auf die große Straße bei einem Brunnen setzen und musste so viel spinnen, dass ihm das Blut aus den Fingern sprang. Nun trug es sich zu, dass die Spule einmal ganz blutig war, da bückte es sich damit in den Brunnen und wollte sie abwaschen; sie sprang ihm aber aus der Hand und fiel hinab.

Warum muss das Mädchen auf der Straße und nicht zu Hause spinnen? Die Vermutung liegt nahe, dass es im Hause nicht geduldet und vor die Tür gesetzt wurde. Warum? Wenn man davon ausgeht, dass an und auf der Straße das Leben pulsiert, dann könnte auch ein Hinausschicken in das Leben gemeint sein. Eine weitere Erklärung ist, dass sie auf ihren Weg geschickt wird. Eine Straße führt von einem Ort (hier dem Zuhause) zu einem anderen Ort (hier dem Brunnen, d.h. dem Eingang zum Holle-Reich).

Brunnen, Teiche, Seen symbolisieren seit altersher den Grenzbereich zwischen realer Welt und Anderswelt, während das Wasser als Lebenselement schlechthin gilt und die Welt der Gefühle repräsentiert. Der Brunnen gilt als Zugang zum Reich der Frau Holle.

Spinnen und Weben gehören zu den ältesten Kulturtechniken. Spindeln (Spule, Wirtel) werden seit mehr als 8.000 Jahren verwendet. Sie galten als Ehrenzeichen der Frauen und wurden ihnen zur Einweihung geschenkt und oft mit ins Grab gegeben. Die blutige Spindel galt als Zeichen der ersten Menstruation, auch der Initiation (Einführung in das Leben der erwachsenen Frau). Mit Hilfe der Spindel wird symbolisch der Lebensfaden gesponnen. Der Mythos der Großen Göttin erzählt: Die jungen Frauen (Jungfrauen) spinnen den Lebensfaden, die Mutter misst und hält ihn, die Greisin zerreißt ihn. Dieses Bild taucht in vielen Überlieferungen verschiedener Völker auf.

Die Spinnstube war bis ins 19. Jahrhundert hinein der Treffpunkt der Dorffrauen. Hier wurden die jungen Frauen in die Geheimnisse von Sexualität, Menstruation, Empfängnis, Empfängnisverhütung und Geburt eingeweiht. Auch wurden derbe Witze über die Männer erzählt. Versuchten vorwitzige Jungen, die Frauen zu belauschen, wurden sie von den Frauen verprügelt, falls sie erwischt wurden. Anton Birlinger warnt in seinem Buch „Sitten und Rechtsbräuche" von 1874 vor den „unkeuschen Reden oder Gesängen" und unkeuschem „Wolgefallen und Belustigung".

Die Spinnstuben „seynd, wie es die Erfahrnuss nur gar zu vil lehrt, ein Untergang der Jugend, besonders des weiblichen Geschlechts, ein Pest der Unschuld, Verderbung aller guten Sitten, ein Lehrschul aller Buhlerinnen, ein Feind der Ehrbarkeit, ein Schwind-Gruben aller Laster, des Teuffels liebste Wohnung."

(zitiert nach Rüttner-Cova)

Es weinte, lief zur Stiefmutter und erzählte ihr das Unglück.
Die schalt es aber so heftig und war so unbarmherzig, dass sie sprach: "Hast du die Spule hinunterfallen lassen, so hol sie auch wieder herauf."

Im ersten Moment halten wir die Stiefmutter für herzlos („unbarmherzig" haben die Grimms sie charakterisiert). Aber was ist negativ daran, dass die Stiefmutter verlangt, dass ihre Stieftochter die Verantwortung für ihr Handeln übernimmt? Und: sollte nicht jeder junge Mensch sein Elternhaus verlassen und in die Welt hinaus geschickt werden, um erwachsen zu werden?

Da ging das Mädchen zu dem Brunnen zurück und wusste nicht, was es anfangen sollte; und in seiner Herzensangst sprang es in den Brunnen hinein, um die Spule zu holen. Es verlor die Besinnung, und als es erwachte und wieder zu sich selber kam, war es auf einer schönen Wiese, wo die Sonne schien und vieltausend Blumen standen.

Wenn wir den Brunnen als den Zugang zur Anderswelt deuten, dann hat Goldmarie verständlicherweise „Herzensangst" vor diesem Sprung ins Unbekannte. Indem sie in diese Anderswelt eintritt, verliert sie die Besinnung. Offensichtlich wacht sie in einem anderen Bewusstseinszustand wieder auf, denn sie sieht sich in einem Garten Eden, in dem die Dinge zu ihr sprechen. Die Sonne, die Blumen, die grüne bunte Wiese sind allesamt Symbole des Lebens, des Lichts und der

Frühlingsgöttin (in der germanischen Mythologie: die grüne Götterwiese). Die Wiese könnte zum Ausruhen einladen, aber das Mädchen ruht nicht aus, sondern geht seinen Weg.

Auf dieser Wiese ging es fort und kam zu einem Backofen, der war voller Brot; das Brot aber rief: „Ach, zieh mich raus, zieh mich raus, sonst verbrenn' ich: ich bin schon längst ausgebacken." Da trat es herzu und holte mit dem Brotschieber alles nacheinander heraus.

Oberflächlich betrachtet könnte man meinen: der Haushalt ruft! Die Entschlüsselung der Symbolik führt aber zu einer anderen Bedeutung. Das Brot gilt in vielen Kulturen als heilige Speise. Es bedeutet Nahrung und Leben. Symbolisch betrachtet, steht der Backofen (Nahrungs-/ Lebensspender) für den Mutterleib, insbesondere die Gebärmutter, also das zutiefst Weibliche. Die Hitze des Ofens steht für den Sommer, die Leidenschaft. Und diese Hitze entströmt dem Herdfeuer, dem Zentrum jeden Hauses. Und die Hüterin dieses Feuers, die (Haus-)Frau, ist zugleich Vertreterin der Großen Göttin.

Danach ging es weiter und kam zu einem Baum, der hing voll Äpfel, und rief ihm zu: "Ach, schüttel mich, schüttel mich, wir Äpfel sind alle miteinander reif." Da schüttelte es den Baum, dass die Äpfel fielen, als regneten sie, und schüttelte, bis keiner mehr oben war; und als es alle in einen Haufen zusammengelegt hatte, ging es wieder weiter.

Die Zeit der Apfelernte ist der Herbst. Der Apfel symbolisiert den Liebesapfel, der Erkenntnis, Weisheit und Liebe miteinander verbindet. Er ist das Sinnbild für Reife und Sexualität. Als Granatapfel ist er zugleich Liebes- und Todessymbol. Der Baum verbindet die irdische Welt mit der himmlischen Welt, wie es in vielen Mythologien zum Ausdruck kommt (vgl. z. B. die Weltenesche Yggdrasil). Es geht nicht darum, dass das Mädchen einen Apfel isst, sondern dass es die Äpfel erntet.

Endlich kam es zu einem kleinen Haus, daraus guckte eine alte Frau, weil sie aber so große Zähne hatte, ward ihm angst, und es wollte fortlaufen.

Schließlich begegnet die junge Frau der alten Frau, der Frau Holle, die über diese Anderswelt gebietet. Das mittelalterliche Wort ‚frouwe' meint allerdings nicht ‚Frau', sondern Gebieterin. Die Alte ist die Greisin, die Weise, also die Wintergöttin. Ihre großen Zähne stehen symbolisch für Macht und Respekt, die ihr zweifellos gebühren.

Die alte Frau aber rief ihm nach: "Was fürchtest du dich, liebes Kind? Bleib bei mir, wenn du alle Arbeit im Hause ordentlich tun willst, so soll dir's gut gehn. Du musst nur Acht geben, dass du mein Bett gut machst und es fleißig aufschüttelst, dass die Federn fliegen, dann schneit es in der Welt; ich bin die Frau Holle."

Frau Holle lädt Goldmarie ein, das Haushalten zu lernen. Alle Tätigkeiten des Haushaltens zu beherrschen, bedeutet wirtschaften zu lernen, das Überleben der Familie zu sichern. Damit ist nicht das ‚klein bisschen Haushalt' von heute gemeint, sondern es umfasst alle handwerklichen Fähigkeiten der Aufzucht, des Anbaus, der Pflege, der Bearbeitung, der Zubereitung und der Konservierung der Lebensmittel. Dazu gehören Kenntnisse zur richtigen Einschätzung der Wetterentwicklung ebenso wie Maßnahmen zur Gesunderhaltung sowie der Krankenbehandlung. Wenn die Frauen des Hauses dieses Handwerk nicht beherrschen, geht das ganze Haus mit seinen Bewohnerinnen und Bewohnern zu Grunde. Bis heute liegt in bäuerlichen Familienbetrieben z.B. die schwierige Jungtieraufzucht meist in den Händen der Bäuerin. Der Erfolg ihrer Arbeit ist nach wie vor entscheidend für den wirtschaftlichen Erfolg des gesamten Betriebes.

Und letztendlich gehören zum Haushalten auch spirituelle Fähigkeiten, um das Wohlergehen aller in einem Haushalt Lebenden zu sichern. Federn befähigen zum Fliegen, daher stehen sie symbolisch für das Verlassen des Irdischen und die Annäherung an das Göttliche. Auch aus diesem Grund ist die Gans das Tier der Frau Holle. Es in der Welt schneien lassen, bedeutet, für die Fruchtbarkeit des folgenden Frühjahrs und damit für das Wohlergehen der Menschen im kommenden Jahr zu sorgen. Zugleich wird damit die natürliche Ordnung der Welt hergestellt.

Weil die Alte ihm so gut zusprach, so fasste sich das Mädchen ein Herz, willigte ein und begab sich in ihren Dienst. Es besorgte auch alles nach ihrer Zufriedenheit und schüttelte ihr das Bett immer gewaltig, auf dass die Federn wie Schneeflocken umher flogen; dafür hatte es auch ein gut Leben bei ihr, kein böses Wort und alle Tage Gesottenes und Gebratenes.

Verbunden mit dem Göttlichen lernt die junge Frau also alles, was mit gutem Haushalten in weitestem Sinne (s.o.) zusammen hängt. Dabei geht es ihr rundum gut: ein Leben in Harmonie und Freundlichkeit sowie jeden Tag ein Festtagsessen.

Nun war es eine Zeitlang bei der Frau Holle, da ward es traurig und wusste anfangs selbst nicht, was ihm fehlte, endlich merkte es, dass es Heimweh war; ob es ihm hier gleich vieltausendmal besser ging als zu Haus, so hatte es doch ein Verlangen dahin. Endlich sagte es zu ihr: "Ich habe den Jammer nach Haus gekriegt, und wenn es mir auch noch so gut hier unten geht, so kann ich doch nicht länger bleiben, ich muss wieder hinauf zu den Meinigen."
Die Frau Holle sagte: "Es gefällt mir, dass du wieder nach Haus verlangst, und weil du mir so treu gedient hast, so will ich dich selbst wieder hinaufbringen."

Warum will Goldmarie aus dem Paradies heraus und wieder zurück in die Mühsal des Alltagslebens? Dafür kann es nur zwei Gründe geben. Zum einen hat sie alles Notwendige gelernt und sie will das Gelernte nun in ihrem irdischen Alltag anwenden. Zum anderen kann sie sich nur weiterentwickeln, d. h. zur reifen und später zur weisen Frau werden, wenn sie Frau Holles Reich verlässt. Offensichtlich will sie sich bewusst den Problemen stellen, die ihr nach der Rückkehr begegnen werden und die ein Leben in menschlicher Gesellschaft so mit sich bringt. Nachdem sie bis hierher getan hat, was getan werden musste, trifft sie nun eine klare Entscheidung für sich selbst. Dies muss Frau Holle gefallen, genau wie die beiden Aspekte: zum einen alles Lebensnotwendige eines erwachsenen Menschen mit ganzer Hingabe gelernt zu haben und zum anderen der Mut, einen neuen Lebensabschnitt als gereifte Persönlichkeit in Angriff zu nehmen.

Sie nahm es darauf bei der Hand und führte es vor ein großes Tor. Das Tor ward aufgetan, und wie das Mädchen gerade darunter stand, fiel ein gewaltiger Goldregen, und alles Gold blieb an ihm hängen, so dass es über und über davon bedeckt war. "Das sollst du haben, weil du so fleißig gewesen bist", sprach die Frau Holle und gab ihm auch die Spule wieder, die ihm in den Brunnen gefallen war.

Das Tor symbolisiert den Übergang zwischen den Welten. Wie durch eine Geburtspforte wird Goldmarie sinnbildlich neu geboren. Sie ist nicht mehr die, die sie einmal war. Sie hat ihre Prüfungen bestanden, sie ist erwachsen. Ihre Belohnung ist Lebensreichtum, Weisheit, Reife. Und sie erhält ihr Ehrenzeichen, die Spule, wieder zurück. Sie kann damit ihren Lebensfaden weiterspinnen. Sie nimmt ihr Leben wieder in die Hand. Mit dem Sprung in den Brunnen, in die Anderswelt, war sie sinnbildlich als Mädchen gestorben und als junge Frau wird sie jetzt neu geboren.

*

Darauf ward das Tor verschlossen, und das Mädchen befand sich oben auf der Welt, nicht weit von seiner Mutter Haus; und als es in den Hof kam, saß der Hahn auf dem Brunnen und rief: "Kikeriki, Unsere goldene Jungfrau ist wieder hie."
Da ging es hinein zu seiner Mutter, und weil es so mit Gold bedeckt ankam, ward es von ihr und der Schwester gut aufgenommen.

Der Hahn ist der männliche Wächter der Anderswelt, der sich in beiden Welten bewegen kann (Flügel). Er kräht, wenn die Schatten weichen und ein neuer heller Tag, ein neues Leben, beginnt. Er ist der Verkünder des

Lichts, der dem Mars und dem Feuer, also der Lebensenergie verbunden ist. Hier ist jetzt von der Mutter, nicht mehr von der Stiefmutter, die Rede. Als Stiefmutter wurde (zu Beginn des Märchens) wohl der strafende, fordernde Aspekt der Mutter „ausgegliedert".

Das Mädchen erzählte alles, was ihm begegnet war, und als die Mutter hörte, wie es zu dem großen Reichtum gekommen war, wollte sie der andern, hässlichen und faulen Tochter gerne dasselbe Glück verschaffen.

Dass die andere Tochter hässlich und faul ist, ist sicherlich eine Setzung der Brüder Grimm im Sinne ihrer Erziehungsabsicht, dass Mädchen brav und fleißig zu sein haben. Hässlichkeit und Faulheit können jedoch verstanden werden als Ablehnung, nach spiritueller Erkenntnis zu streben, sondern stattdessen materiellem Reichtum nachzujagen. Oder aber noch nicht reif zu sein, um diesen Weg erfolgreich zu gehen.

Sie musste sich an den Brunnen setzen und spinnen; und damit ihre Spule blutig ward, stach sie sich in die Finger und stieß sich die Hand in die Dornhecke.

Pechmarie täuscht hier etwas vor. Das kann man auch so verstehen, dass sie für die Wandlung in der Anderswelt noch nicht reif ist. Wenn man Spule und Blut mit der Menstruation in Zusammenhang bringt, wird dieses Bild der Unreife noch deutlicher.

Dann warf sie die Spule in den Brunnen und sprang selber hinein. Sie kam, wie die andere, auf die schöne Wiese und ging auf demselben Pfade weiter. Als sie zu dem Backofen gelangte, schrie das Brot wieder: "Ach, zieh mich raus, zieh mich raus, sonst verbrenn ich, ich bin schon längst ausgebacken." Die Faule aber antwortete: "Da hätt ich Lust, mich schmutzig zu machen," und ging fort. Bald kam sie zu dem Apfelbaum, der rief: "Ach, schüttel mich, schüttel mich, wir Äpfel sind alle miteinander reif." Sie antwortete aber: "Du kommst mir recht, es könnte mir einer auf den Kopf fallen," und ging damit weiter. Als sie vor der Frau Holle Haus kam, fürchtete sie sich nicht, weil sie von ihren großen Zähnen schon gehört hatte, und verdingte sich gleich zu ihr. Am ersten Tag tat sie sich Gewalt an, war fleißig und folgte der Frau Holle, wenn sie ihr etwas sagte, denn sie dachte an das viele Gold, das sie ihr schenken würde; am zweiten Tag aber fing sie schon an zu faulenzen, am dritten noch mehr, da

wollte sie morgens gar nicht aufstehen. Sie machte
auch der Frau Holle das Bett nicht, wie sich's gebührte,
und schüttelte es nicht, dass die Federn aufflogen. Das
ward die Frau Holle bald müde und sagte ihr den Dienst
auf.

Pechmarie übernimmt keine Verantwortung, sie handelt
nicht instinktiv entsprechend der jeweiligen Situation.
Sie bewältigt die Aufgaben nicht, die sich ihr stellen. Sie
strebt nicht nach spiritueller Erkenntnis. Sie bewegt
sich rational auf ein Ziel hin: materiellen Wohlstand.
Das ist nicht das, was Frau Holle als Vertreterin der
spirituellen Welt, belohnen kann. Pechmarie wird nicht
in Licht getaucht, sondern sie fällt in die Finsternis:

Die Faule war das wohl zufrieden und meinte, nun
würde der Goldregen kommen; die Frau Holle führte sie
auch zu dem Tor, als sie aber darunter stand, ward
statt des Goldes ein großer Kessel voll Pech
ausgeschüttet. "Das ist zur Belohnung deiner Dienste",
sagte die Frau Holle und schloss das Tor zu. Da kam
die Faule heim, aber sie war ganz mit Pech bedeckt,
und der Hahn auf dem Brunnen, als er sie sah, rief:
"Kikeriki, Unsere schmutzige Jungfrau ist wieder hie."
Das Pech aber blieb fest an ihr hängen und wollte,

solange sie lebte, nicht abgehen.

Das Frau-Holle-Märchen hat sicher mehrere Bedeutungsebenen. Aufgrund der bisherigen Überlegungen lassen sich mindestens zwei unterscheiden.

Eine junge Frau wird durch ihre (Stief-)Mutter gedrängt, sich auf den Weg in die Anderswelt (evtl. auch Innenwelt) und damit in die spirituelle Versenkung zu machen. Sie bewältigt intuitiv die Aufgaben, die sich ihr stellen, ohne das Ziel zu kennen. Sie tut, was getan werden muss, ohne darüber nachzudenken. Dieses Lernen des richtigen Umgangs mit den Ur-Instinkten in der Übergangszeit zwischen Kindsein und Erwachsenwerden nennt man Initiation. Danach kehrt sie gestärkt in ihre Alltagswelt zurück.

Die Helferin auf diesem Initiationsweg der jungen Frau ist Frau Holle, die Gebieterin (althochdeutsch: frouwa) der heiligen Anderswelt. Ganzheitliche lichtvolle Geborgenheit verbindet sich mit ihrem Namen (mhd. hel = licht, tönend, glänzend; ahd. heil = gesund, vollkommen, mhd. hold = gnädig; mhd. holde = Freundin; ahd. holi = Höhle). Auch die das Märchen bestimmenden Farben (weiß/Schnee, rot/Blut, schwarz/Pech) weisen darauf hin, dass Frau Holle die Große Göttin der vorchristlichen Zeitalter verkörpert, die allumfassende Göttin des Himmels und der Erde, denn diese drei Farben sind der Großen Göttin zugeordnet. Dass sie am hellen Tag erscheint (wie es auch in den Sagen über Frau Holle beschrieben wird) und nicht zur Geisterstunde, bedeutet ebenfalls, dass sie die Große Göttin ist und keine strafende Geistererscheinung. Schon hier wird deutlich: die Holle ist nicht allein die schwarze Göttin des Übergang von Geburt und Tod, sondern die Große Göttin aus dem Anbeginn der Zeiten. Die Göttin Holle auf die germanische Göttin Hel (mhd. helle = Hölle) zurückzuführen, greift also zu kurz.

Die Mythologie dieser Urmutter-Göttin ist uns aus vielen Kulturen der Welt überliefert: in Form der ältesten Skulpturen der steinzeitlichen Venusfigurinen, über die Gebärmutter-ähnliche Form der Dolmen in der Bretagne und Irland sowie die Urmutter der finnischen Kalevala bis zur Pachamama der Andenvölker und der Großmutter Sedna der Inuit, der Hüterin der Samen und Seelen.

Bei Frau Holle, der Großen Göttin, hat Goldmarie ein gutes Leben: ‚alle Tage Gesottenes und Gebratenes'. Das lässt sich so verstehen, dass sie hier in ihre volle spirituelle Kraft kommt. Die junge Frau zeigt sich den Aufgaben gewachsen und wird am Ende des Initiationsweges mit Licht und Lebensweisheit gesegnet. Sie wird durch das Tor in ein neues Leben geleitet und kann sich nun den Pflichten und Verantwortungen der irdischen Welt auf einer höheren Ebene stellen: als erwachsene Frau.

Das Frau-Holle-Märchen erzählt also die Geschichte eines Mädchens, das seine erste Menstruation hat und darum von seiner Mutter aus dem Haus geschickt wird, um sich auf das Leben als erwachsene Frau vorzubereiten. Die Mutter ist aus der Sicht des Mädchens jetzt nicht mehr die sorgende, beschützende Mutter der Kindheit, sondern wird als „böse" Stiefmutter empfunden, die Angst machende Forderungen stellt. Ohne die Loslösung vom Mütterlichen wird das Kind nicht zum erwachsenen Menschen. Frau Holle empfängt das Mädchen und nimmt es in ihr Haus auf wie die „gute" Mutter, sie stellt aber auch Forderungen wie die „Stief"mutter. Am Ende der erfolgreichen Initiation will das Mädchen auf eigenen Wunsch die Geborgenheit des Holle-Ortes verlassen und in den Alltag zurückkehren. Auch dies ist ein Zeichen dafür, dass das Mädchen eine selbstbewusste, reife Frau geworden ist.

Ein weiterer Zugang zur Bedeutung des Frau-Holle-Märchens ergibt sich, wenn man Gold- und Pechmarie als eine Person sieht (ebenso wie Stiefmutter und Mutter). Tochter und Stieftochter heißen offensichtlich beide Marie. So kann man das Frau-Holle-Märchen auch als sinnbildlichen Kampf gegensätzlicher Aspekte sehen, die in jedem Menschen angelegt sind: dem Streben nach materiellem Besitz einerseits und dem Streben nach spiritueller Weisheit andererseits. Es wirft die zentralen Lebensfragen auf: Wer bin ich? Wer will ich sein? Wie führe ich ein erfülltes Leben? Wie wichtig ist mir die grenzenlose Vermehrung meines materiellen Besitzes? Wer bin ich noch, wenn ich auf meine Wohlstandsfassade verzichte? Wie abhängig ist mein Selbstbewusstsein von der Bewunderung all meiner Statussymbole durch meine Mitmenschen? Letzteres ist der Aspekt der Pechmarie. Ihr Handeln ist nur von einem Ziel bestimmt: der Jagd nach materiellem Reichtum. Und dies mit einem möglichst geringen Einsatz. Man könnte die Pechmarie als die Urform des

‚Ich-bin-doch-nicht-blöd — Geiz-ist-geil — Schnäppchenjägers' sehen. Der „Lohn" für ihre Mühe ist am Ende der Fall in die Finsternis (symbolisiert durch das Pech, das wie ein ewiger Schatten fest an ihr hängen blieb).

So stehen sich in jedem Menschen die lichte Seite (seine Selbstlosigkeit) und die Schattenseite (sein Ego) in immer wieder neuer Auseinandersetzung gegenüber. Das Glück erfüllt sich, wenn es dem Menschen gelingt, seine Schatten in neues Licht zu tauchen, und sich der kosmische Reigen damit schließt. Sicherlich ist das keine einmalige Aufgabe, sondern ein lebenslanger Prozess.

Ich denke, wir müssen uns nicht für eine der beiden Deutungsweisen entscheiden. Beide sind im Frau-Holle-Märchen angelegt und gehören im Grunde genommen auch zusammen. Eines ist allerdings deutlich geworden: Auch wenn die Brüder Grimm im Sinne der Hausväter-Literatur des 19. Jahrhunderts versucht haben, Frau Holle zur Erzieherin braver Hausfrauen zu machen, so enthält dieses Märchen eine ganz andere Botschaft. Es überliefert uralte Mythen, die den Menschen zu jeder Zeit mit zentralen Sinnfragen seines Lebens konfrontieren. Goldmarie verhält sich nicht so, wie es das Rousseau'sche (und damit Grimm'sche) Erziehungsideal für junge Mädchen vorsieht: putzen, kochen, die Kinder erziehen und dem Mann gefallen. Von all dem ist im Holle-Mythos nichts zu finden. Ich denke, dass die Frage nach dem Spirituellen in der modernen, weit überwiegend materiell geprägten Welt unsere zentrale (Über-)Lebensfrage ist. Und damit haben wir einen handfesten Hinweis auf die immerwährende Aktualität dieses Märchens bis in unsere Tage und darüber hinaus.

(1) Schulwandbild um 1905:
Frau Holle als Erzieherin braver Mädchen
(Brüder-Grimm-Museum, Kassel)

(2) Tor zur Anderswelt: der Frau-Holle-Teich

(3) Alter heiliger Holle-Ort: der Altarstein

(4) Neuer heiliger Holle-Ort: der Gerichtsplatz
(2007)

(5) alter heiliger Holle-Ort: die Kitzkammer

(6) Aus der Ukraine, Tschechien, Österreich, Frankreich:
30.000 Jahre alte Göttinnen-Statuetten
(Urgeschichtliches Museum, Blaubeuren)

(7) Heiliger Ort der Großen Göttin: der Dolmen von Gavriní, Frankreich

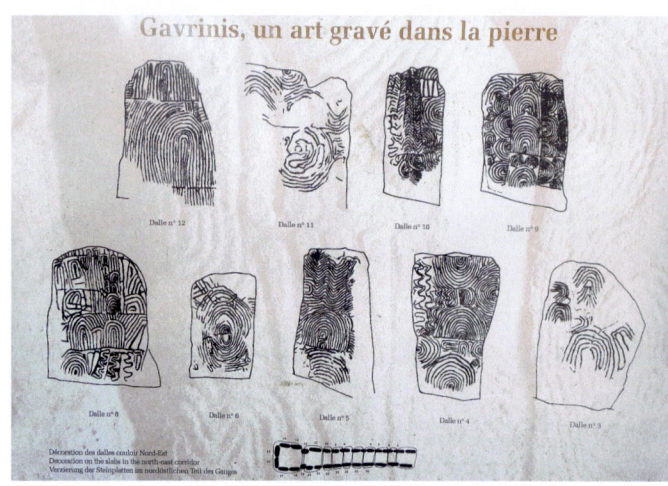

Gavrinis, un art gravé dans la pierre

(8) Der Dolmen von Gavriní: Große-Göttin-Symbole

(9) Heiliger Ort der Großen Göttin:
Newgrange, Irland,
Wächterstein mit Große-Göttin-Symbolen

(10) Wallfahrtsort Altötting,
Platz vor der Gnadenkapelle:
Maria als Himmelskönigin

(11) Ähnlich wird Frau Holle auf Spekulatius-Modeln in Nordhessen dargestellt: Pachamama, Puerto Madryn, Argentinien

6. Frau Holle und ihre heiligen Orte

Da Frau Holle unter verschiedenen Namen in ganz
Europa auftritt, gibt es eine Vielzahl heiliger Orte, die
ihr gewidmet sind. Ich konzentriere mich in diesem
Kapitel auf die Region des Hohen Meißner in
Nordhessen. Dieses Kapitel über die heiligen Orte der
Frau Holle habe ich hier eingefügt, weil wir dadurch
über das Märchen hinaus mehr darüber erfahren, wer
„die Frau Holle" ist und welche Bedeutung sie hat.
Bei den Holle-Orten, die ich hier beschreibe, beziehe ich
mich, was die historischen Quellen angeht, auf Karl
Kollmann und Karl Paetow. Zunächst erkläre ich kurz,
was einen heiligen Ort ausmacht.

Was im Kapitel 3 zum Thema Wahrnehmung gesagt
wurde, ist auch von großer Bedeutung, wenn wir uns
mit der Wahrnehmung von Orten, insbesondere heiligen
Orten befassen. Was wir wahrnehmen und was unserer
Wahrnehmung verborgen bleibt, hängt von einer Fülle
von Faktoren ab: von unserem Alter, unserem Beruf,
unserem Verkehrsmittel, unserem Geschlecht, unserer
Herkunft, unseren Erwartungen und vielem mehr. Wer
mit einem kleinen Kind an der Hand spazieren geht,
wird feststellen, dass dieses Kind Dinge wahrnimmt, die

der Erwachsene übersieht. Ein Bauer betrachtet seine Felder mit einem anderen Auge als ein Städter, der zur Erholung aufs Land fährt. Ein erfahrener Segler erkennt die Fahrwassertonne in der Ferne lange bevor ein Laie sie sieht. Und wir nehmen dieselbe Landschaft, denselben Ort jeweils anders wahr, je nachdem, auf welche Weise und mit welcher Geschwindigkeit wir uns bewegen.

Wenn wir darüber hinaus unsere alltägliche Wahrnehmungsebene von Raum und Zeit verlassen, nehmen wir unvorstellbare Dinge wahr, z. B. in unseren Träumen oder in der Meditation.

Um die Qualität eines heiligen Ortes wahrnehmen zu können, müssen wir unser Sensorium über unsere fünf Sinne hinaus erweitern. Wir können dem vertrauen, was wir spüren. Wir können lernen, die Welt auch spirituell wahrzunehmen. Dann nehmen wir wahr, was der Geist des Ortes, die Hüterin des Ortes und die Elementarwesen (die Hollen !) uns zu „sagen" haben. Und wir können es getrost offen lassen, ob der Ort etwas „in uns" zum Klingen bringt oder ob da jemand (und wer) zu uns „spricht". Wir können also in Resonanz oder in Dissonanz zu einem Ort treten.

Gefühle können ausgelöst, Energie kann empfangen oder abgezogen werden.

Jeder kennt das: auf einem Spaziergang halten wir an einem bestimmten Ort inne. Der Ort fängt unsere Aufmerksamkeit ein. Irgendetwas spricht uns besonders an, wir fühlen uns besonders wohl hier. Vielleicht haben wir auch einen Lieblingsplatz in der Natur, den wir aufsuchen, wenn es uns mal nicht so gut geht. Nach einem Besuch dieses Platzes fühlen wir uns meist erholt und erfrischt. An anderen Orten gehen wir zügig vorbei, sie sind uns unangenehm oder gar unheimlich.

Wenn wir eine Kathedrale oder einen „bezaubernden" Garten betreten, wenn wir längere Zeit allein an einem Wasserfall stehen, wenn wir uns unter einen Jahrhunderte alten Baum setzen, erleben wir, dass der Ort auf besondere Weise zu uns „spricht". Wenn wir lange genug ungestört verweilen, ergibt sich vielleicht sogar eine Kommunikation zwischen uns und diesem Ort. Jahrtausende alte Methoden (Erfahrungs"wissenschaften") basieren auf solchen Vorgehensweisen: das aus China stammende Feng Shui und die aus dem arabischen Raum stammende Geomantie.

Spirituelle Methoden und Erfahrungen lassen sich nicht

mit naturwissenschaftlichen Mitteln messbar machen. Die neueste Hirnforschung kann zwar erkennen, welche Bereiche des Gehirns z.B. bei einer tiefen Meditation aktiviert werden, aber was genau diese Aktivitäten auslöst und wie sie weiter „verarbeitet" werden, lässt sich nicht über Datensammlungen, Theorie- und Modellbildungen empirisch plausibel darstellen. Auch wenn es die Wissenschaftler schmerzen mag, es werden immer mystische Bereiche bleiben, es wird immer Erfahrungen geben, für deren Verständnis die Wissenschaft keine Werkzeuge entwickeln kann. Derjenige, der spirituelle Erfahrungen an heiligen Orten macht, kann sich mit Gleichgesinnten austauschen und wird überrascht feststellen, wie ähnlich diese Erfahrungen sein können. Dem wissenschaftsgläubigen Menschen gegenüber kann er nur sagen: „Wir haben diese spirituellen Erfahrungen gemacht. Es tut mir leid, wenn du sie (noch) nicht machen konntest." Andererseits schließt Spiritualität kritisches, rationales Denken nicht aus, sondern ein, wie z.B. meine Analyse der Symbole im Holle-Märchen hoffentlich zeigen konnte. Jeglicher Dogmatismus ist der Spiritualität fremd. Die Offenheit neuen Erfahrungen gegenüber und die Redlichkeit sich selbst gegenüber sind Selbstverständlichkeiten für jeden spirituellen Menschen.

Probieren Sie es selbst einmal aus! Setzen Sie sich an einen Ihrer Lieblingsplätze in der Natur zu einer Zeit, zu der es möglichst still ist. Atmen Sie einige Male tief durch. Entspannen Sie sich. Schließen Sie die Augen. Lassen Sie sich Zeit.

Was hören Sie?
Welche Gefühle steigen in Ihnen auf?
Woran werden Sie erinnert?
Welchen Geschmack haben Sie im Mund?
Was verbinden Sie mit diesem Geschmack?
Welcher Duft steigt Ihnen in die Nase?
Welche Bilder entstehen vor Ihrem inneren Auge?
Dies sind erste Schritte, um mit einem Ort zu kommunizieren.

Jeder Ort ist beseelt von Elementarwesen. Aus der Überlieferung wissen wir recht genau, wie Zwerge, Faune, Nymphen, Feen und Elfen aussehen. Nur wenige Menschen „sehen" diese Elementarwesen im konkreten Sinn. Wenn wir ein Musikstück hören, dann interessiert uns normalerweise nicht, wie das Notenbild aussieht. Wichtig für uns ist, welche Empfindungen und Stimmungen diese Musik in uns weckt. Ähnlich ist es mit dem „Sehen" von Elementarwesen. Wem es gelingt, sich an einem Ort in meditative Versenkung zu versetzen, der wird die Elementarwesen dieses Ortes als ätherische Wesen, als Stimmungen erfahren und beschreiben können.

Um einen Ort und seine Wesenheiten spirituell-schamanisch wahrnehmen zu können, sind weitergehende Wahrnehmungsübungen und Rituale eine gute Hilfe. Diese genauer zu beschreiben, würde den Rahmen dieses Buches sprengen (Näheres dazu auf www.morgane-zentrum.de).

Was also ist ein heiliger Ort?

Zunächst einmal erkennen wir einen heiligen Ort in der Landschaft an seiner besonderen äußeren Erscheinungsform: eine Kuppe, ein Gipfel, ein Felsvorsprung, eine Stelle am Fluss- oder Seeufer, eine Quelle, ein Baum, eine Baumgruppe, eine Lichtung, ein Megalith, eine Höhle. Die Heiligkeit eines Ortes zu erhalten und zu stärken, erfordert eine Weihung oder energetische Aufladung durch Gaben, Rituale, Gesänge,Tänze und eine besondere Pflege und Gestaltung. Heilige Orte sind oft auch besondere Orte der Inspiration. Die Steinmetzbruderschaften und

Bauhütten des Mittelalters haben das Wissen um die Identifizierung und die Gestaltung von heiligen Orten in ihren geheimen Logen bewahrt und beim Bau der Kirchen und Kathedralen Europas angewendet. Für diejenigen, die noch auf eine naturwissenschaftliche Vergewisserung angewiesen sind: an vielen solcher heiligen Orte konnten eine erhöhte Konzentration von negativen Ionen, magnetische Anomalien, Wasseradern, geologische Verwerfungszonen oder elektromagnetische Erscheinungen nachgewiesen werden.

Jeder Ort ist ein Erinnerungsraum. Der Ort „erzählt" uns etwas, durch seinen Namen, seine Sagen und Mythen, seine Geschichte, seine astrologischen Muster, magischen Prinzipien und Kraftfelder. Der Ort öffnet (erschließt) sich uns über seinen Zugang, seine Wächterinnen und Wächter, seine rituellen Wege, seine Perspektive. C.G. Jung nennt dies „das Numinose eines Ortes". Nähern wir uns also auf diese Weise den heiligen Orten der Frau Holle am Hohen Meißner. Soweit ich im folgenden von unseren Wahrnehmungen an den heiligen Holle-Plätzen berichte, beziehe ich mich auf die Tagebuchaufzeichnungen meiner Frau, Ute Wilke-Richert, die als Diplomingenieurin und Ethnologin seit

mehr als zehn Jahren geomantische und spirituell-
schamanische Arbeit macht und auch Seminare zu
diesen Themen leitet (vgl. www.morgane-zentrum.de).

Der Hohlstein

Der Hohlstein wird auch Hilgershäuser oder
Kammerbacher Höhle genannt und liegt nordöstlich des
Meißner zwischen den Dörfern Kammerbach und
Hilgershausen. Dass diese Höhle eine besondere
Verbindung mit vorchristlichen Göttinnen-Ritualen hat,
ergibt sich schon aus den historischen Quellen. Dort
wird berichtet, dass noch bis ins 20. Jahrhundert hinein
Blumenopfer als Osterbrauch von Jugendlichen in die
Höhle gebracht wurden. Wasser aus dem Höhlenteich
wurde als Heilwasser mit nach Hause genommen.
Archäologen fanden in der Höhle einen Brandplatz und
Keramikscherben, die auf das erste Jahrhundert v.u.Z.
datiert wurden. Die gefundenen Tier- und
Menschenknochen scheinen dagegen jüngeren Datums
zu sein.
Der Teich vor der Höhle wird als Hexen- oder Nixenteich
bezeichnet. Die Sagen, die sich darum ranken, handeln
von der Bestrafung untreuer Mädchen, von ewiger

Schönheit und Fruchtbarkeit.

Auch der Name der Höhle als Hohlstein, Hollstein und Hollenstein weist direkt auf den Zusammenhang zum Holle-Kult hin.

Bevor wir diese Höhle zum ersten Mal aufsuchten ohne Genaueres über ihre Geschichte zu wissen, bekam Ute die „Durchsage", wir sollten eine weiße Blume mitbringen. Die Höhle kam uns trotz der äußeren Dunkelheit lichtvoll vor. Wir erfuhren, dies sei eine Höhle der Erkenntnis, die der Reinigung vom Alten diene, und zugleich ein Kraftplatz zum Energie-Auftanken. Das vorherrschende Element sei Wasser. Ute nahm Elfen wahr, die dazu aufforderten, nach innen zu hören, immer „im Licht zu stehen", dann werde alles gut werden, dann könne man die Hülle und Fülle des Lebens und die unendliche Liebe erfahren. Bei einem späteren Besuch spürten wir eine sehr starke Erdenergie als Heilenergie, einem Jungbrunnen ähnlich.

Der Frau-Holle-Teich

Der Frau-Holle-Teich (vgl. Abb. 2) ist wohl der bekannteste Holle-Ort am Meißner. Heute führt die

Landstraße direkt am Frau-Holle-Teich vorbei. Wenn wir uns gedanklich einige hundert Jahre zurück versetzen, wird deutlich, dass dieser Ort früher erst nach langem, mühseligem Fußweg erreicht werden konnte. Er lag versteckt tief im Meißner Wald.

In den schriftlichen Quellen wurde der Teich zwar erst im 17. Jahrhundert erwähnt, aber Funde von römischen Münzen weisen darauf hin, dass es hier einen vorchristlichen Verehrungsplatz gegeben haben könnte. Im 17. Jahrhundert wurde schriftlich festgehalten, dass eine Art weibliches Gespenst am Frau-Holle-Teich gesehen worden sei. Aus dem 19. Jahrhundert stammt die Überlieferung, dass „Frau Holde" als böse Frau, Unholdin, Spinnstubenfrau, Gesundheitsgöttin, und Fruchtbarkeitsgöttin mit dem Holle-Teich verbunden wurde. Sie hole Neugeborene als Glückskinder aus dem Teich und ziehe ungehorsame Kinder hinein.

Meist nähert man sich dem Teich vom nahe gelegenen Parkplatz aus, begegnet dem Teich von den Picknickbänken her und sieht zugleich die überlebensgroße Holzskulptur, die eine junge Frau Holle mit dem üblichen Federkissen in der Hand darstellt. Um den Teich in Ruhe spirituell wahrnehmen zu können, sollte man Zugänge aus anderen Richtungen suchen.

Solche Zugänge sind zu finden an der Westseite des Teiches in der Nähe der alten, kleinen, von einem Waldarbeiter geschaffenen Holle-Skulptur oder ein Stück weit hinter der großen Skulptur.

Für uns hat der Teich eine dunkle, schwere Erdenergie. Er erschien uns eher als ein Ort der alten Holle, der Winter-Holle. Diese Wahrnehmung war bei vielen Besuchen in den vergangenen Jahren (auch mit Gästen und Seminarteilnehmern) immer wieder ähnlich, obwohl der Teich ja an der Sonnenaufgangsseite des Meißner liegt und deshalb theoretisch der (weißen) Frühlings-Holle zugeordnet werden müsste.

Der Altarstein

Der Altarstein (vgl. Abb. 3) ist ca. 800 Meter nördlich vom Frau-Holle-Teich mitten im Wald zu finden. Der Altarstein (auch Frau-Holle-Stein) ist knapp eineinhalb Meter hoch und besteht aus zwei aufeinander liegenden Basaltblöcken. Schon der erste Eindruck ist, dass die Steine nicht zufällig in ihre Position gelangt sein können. Auf alten Karten ist der Altarstein gar nicht, auf neueren Karten meist nicht am richtigen Platz verzeichnet. Daher wird er oft mit dem neueren „Altar" am Gerichtsplatz (s.u.) verwechselt, der auf den Wanderkarten nicht verzeichnet ist.

Ende des 18. Jahrhunderts wird berichtet, es habe während des 30jährigen Kriege hier geheime Gottesdienste gegeben.

Vor dem Altarstein befindet sich ein Wächterstein (nicht zu verwechseln mit den Wachtsteinen oberhalb). Rechts vom Altarstein gibt es einen Stein, den wir als reinigend und entladend empfunden haben. Diesen Stein sollte man aufsuchen, bevor man sich dem Altarstein zuwendet. Den Altarstein haben wir als mit aufsteigender Energie aufladend wahrgenommen. Diese Energie war eher luftig, oft auch nur schwach. Zeitweise wirkte der Ort eher verlassen. Die Stärke seiner Energien scheint mit der Intensität der Zuwendung und Ehrung durch die Besucherinnen und Besucher zusammen zu hängen.

Das Alte Gericht

Die schriftlichen Quellen erwähnen diesen Platz (vgl. Abb. 4) erst im 19. Jahrhundert. In den dreißiger Jahren des 20. Jahrhunderts wurde er als Gerichtsplatz bezeichnet. Eine historisch belegbare Beziehung zum

Holle-Kult gibt es nicht. Dennoch hatte dieser Platz schon spirituelle Qualitäten, bevor er in den letzten Jahren zunehmend energetisch aufgeladen wurde. Den abgestorbenen Buchenstumpf in der Mitte des Platzes gibt es nicht mehr. Stattdessen ist eine Art neuer Altar auf einer Steinplatte entstanden, auf der Besucher und Besucherinnen symbolische Geschenke ablegen. Inzwischen hat der Platz eine hohe energetische Schwingung. Ute schien der Platz der weißen Göttin gewidmet und von einer Fee betreut zu sein. Insofern kann man den Gerichtsplatz heute durchaus auch als einen Holle-Kult-Platz bezeichnen.

Die Kitzkammer

Die Kitzkammer (vgl. Abb. 5) ist ein Felsengelände mit Bachlauf oberhalb des Dorfes Hausen. Ein breiter seitlicher Magma-Austritt hat hier eine kleine Höhle umgeben von fünfeckigen Basaltsäulen entstehen lassen. In schriftlichen Quellen bzw. auf Karten des 18. Jahrhunderts wird dieser Ort Etzesteinwiese, Itzensteinwiese, Közen Cammer, Kitzkammer, Käuzkammer, Kizkammer und Kiezkammer genannt. Daraus ist eine Diskussion entstanden, ob es einen

Bezug zu dem regionalen Begriff Itsche = Kröte (auch: zickige Göre), zu Eulen (Käutz = Kautz) oder zu Kitz = Katze gibt. Da in einer Sage zu diesem Ort Frau Holle ungehörige bzw. lüsterne Mädchen in Katzen verwandelt, hat sich die Auffassung durchgesetzt, dass in der Bezeichnung Kitzkammer ein Bezug auf Katzen steckt. Da Katzen bzw. Löwinnen Wächter an heiligen Plätzen und zugleich Begleiter der Großen Göttin sind, scheint das auch plausibel zu sein.

Für uns hat die Kitzkammer eine starke aufbauende weibliche Energie. Sie scheint uns ein Platz der roten Göttin in ihrer vollen Kraft zu sein.

Die Seesteine

Die Seesteine sind eine Basalt-Felsgruppe am Südhang des Meißner. In einem Forstbuch aus dem 16. Jahrhundert werden sie als „Sehesteine" bezeichnet. In der Holle-Literatur werden sie auch Segensteine genannt. Ende des 19. Jahrhunderts wurden sie als Parkanlage gestaltet. 1923 kamen ein Gefallenen-Ehrenmal und kurz darauf eine Schutzhütte hinzu. Aus den historischen Quellen ließ sich bislang kein direkter Bezug zum Holle-Mythos herstellen, dennoch sind die

Seesteine ein Platz mit einer besonderen energetischen Qualität. Daher reihen wir die Seesteine in die heiligen Holle-Orte am Meißner ein.
An einem der schmalen Pfade ist ein Vers des langjährigen Vorsitzenden der Schutzgemeinschaft Deutscher Wald, Erich Hornsmann, zu finden:

Im Wald verweilen, nicht eilen,
horchen, nicht hören,
schauen, nicht nur sehen
und bereit sein.

Dieser Vers ist auch ein guter Leitspruch für unsere spirituellen Spaziergänge zu den mythischen Holle-Orten am Meißner (vgl. www.morgane-zentrum.de). Am Beispiel der Seesteine kann man erleben, wie unterschiedlich die Wahrnehmung dieses Platzes ist, je nachdem, ob man sich von oben (Wanderweg 7a), vom Ehrenmal oder von der Linde mit Steinkranz (Weggabelung Wanderwege 7 und 11) her nähert.
Bei einem unserer ersten Besuche haben wir diesen Ort als Tanz- und Festplatz wahrgenommen. Später haben wir hier eine leichte, luftig kristalline Energie wahrgenommen, die von unten und oben strömt. Wer sich hier einen stillen Platz sucht und in die Meditation

geht, kann die Energie des Kronenchakras erfahren und tiefen inneren Frieden empfinden. Die Seesteine sind nach Marko Pogačnik ein Einstrahlungsort kosmischer Energie und haben Verbindungen zu anderen Dimensionen. Wer über die Fähigkeit verfügt, Elementarwesen zu „sehen", also wie ein Kind mit dem Herzen zu schauen, wird viele Zwerge wahrnehmen, die den Platz im Gleichgewicht halten. Es gibt Wasser-, Erd-, Feuer- und Luftwesen hier, auch Wächter und Engel. Dieser Platz sollte besonders geachtet und geehrt werden.

Zu den Seesteinen gehört auch der unterhalb gelegene verlandete Mondsee, ein schöner Ort der luftigen, wässrigen Energie, der zugleich ein Feenplatz ist.

Der Weiberstein

Der Weiberstein ist eine kleine Felsgruppe, die ca. einen Kilometer nordöstlich des Dorfes Kammerbach im Wald zu finden ist. In der Nähe befindet sich eine kleine Höhle. Der Weiberstein hat keinen historisch belegbaren Bezug zu Frau Holle. Dennoch ist er für uns ein besonderer Holle-Kult-Ort. Wir haben enge spirituelle und geomantische Verbindungen zum Meißner festgestellt.

Während unseres ersten Besuchs vor vielen Jahren bekamen wir Bilder von blutigen Kämpfen, insgesamt erschien uns der Ort recht dunkel und verschlossen. Im Laufe der Jahre hat sich das Dunkle, Unerlöste gewandelt. Seit 2012 ist es ein sehr lichtvoller Ort (Lichtinsel). Die Energie des Ortes musste noch gestärkt und mit den umliegenden Kraftorten verbunden werden. Von verschiedenen Gruppen wurde hier mit Klängen getönt, es wurden spirituelle Verbindungen geknüpft und Lichtsäulen aufgestellt. Zwerge, Erdelementarwesen und eine weiße Gestalt mit heiligen Symbolen wurden wahrgenommen. Die Energien des Ortes wurden sanfter und friedvoller.

In jüngster Zeit zeigte sich der Hüter des Ortes fröhlicher und lebhafter. In der Höhle wurde ein großer Troll wahrgenommen. Die Weibersteine haben inzwischen eine schöne kraftvolle Erdenergie. Dennoch scheint der Ort in Gefahr, weil er immer wieder unachtsam betreten wird und energetisch Dinge zerstört werden.

Es gibt auf dem Meißner und in seiner näheren Umgebung eine Fülle weiterer Orte, die mit dem Holle-Kult in Verbindung stehen. Ich habe hier nur eine kleine

Auswahl der heiligen Holle-Orte aufgeführt, aber schon anhand der wenigen beschriebenen Orte wird deutlich, dass deren Energien vielfältig und umfassend sind. Sie spiegeln weit mehr als die Erdenergien einer Mutter Erde (der Terra Mater der römischen Mythologie oder der Gaia der antiken Griechen). Betrachten wir dies als erste Hinweise darauf, dass Frau Holle nicht die Mutter Erde (Terra Mater) ist, die einem Vater Himmel (oder Vater Sonne) gegenüber steht, sondern die allumfassende Große Göttin, die seit Urzeiten verehrt wird.

7. Frau Holle als allumfassende Göttin

Nachdem wir erfahren haben, welche Rolle Frau Holle in ihrem Märchen wirklich spielt und wie ihre heiligen Orte am Hohen Meißner beschaffen sind, bleibt die Frage, wer ist diese Frau Holle? Bei der Suche nach einer Antwort auf diese Frage kann man leicht auf Abwege geraten.

In Dudenrode am Meißner erzählt man bis zum heutigen Tage, Frau Holle habe in diesem Dorf gelebt. Sie habe Martha Holle geheißen und sei eine tüchtige Frau gewesen. Sie sei mit einem Bauern verheiratet gewesen, der jedoch Haus und Hof versoffen habe. Als ihr alles zu viel geworden sei, flüchtete Martha Holle auf den Hohen Meißner. Dort sei ihr die Göttin Freya begegnet. Sie habe ihr das „Schloss im Holleteich" geschenkt. Dorthin seien nun viele junge Mädchen und Frauen gekommen, wenn sie Hilfe suchten. Dies war sozusagen das erste Frauenhaus der Geschichte (Karl Gier). Hier wird Frau Holle in Verbindung mit der germanischen Göttin Freya gebracht. Freya jedoch repräsentiert nur Teilaspekte der Großen Göttin wie Liebe, Ehe, Fruchtbarkeit, Frühling. Eher wäre Frau Holle mit der germanischen Göttin Frigg in Verbindung zu setzen, die oft mit Freya verwechselt wird. Frigg ist Gattin von Odin und Schutzgöttin der Ehe, Mutterschaft, des Herdfeuers und des Haushalts. Aber auch hier erkennen wir nur Teilaspekte, vor allem der „dunkle" Aspekt der Großen Göttin fehlt. Den finden wir wiederum in der nordischen Göttin Hel, der Göttin der Unterwelt.

Ein neuheidnischer Forscher begab sich zu Beginn des 21. Jahrhunderts auf eine Suchfahrt von den Frau-Holle-Klößen über das Holle-Märchen und die Volkssagen bis in die Germanische Altertumskunde und ist schließlich überzeugt davon, „dass Frau Holle eine Emanation der Erdgöttin ist." (Emanation = lat. Ausfluss) Eine Erdgöttin unter einem himmlischen Gott-Vater, so gefällt einem Germanenfreund die heilige Ordnung. Einerseits: die Erde, unten, schwer, dunkel, passiv und weiblich – andererseits: der Himmel, oben, licht, hell, aktiv und (natürlich!) männlich. So leicht verklärt einem die Projektion eigener Weltvorstellungen den Blick auf Frau Holle. Frau Holle ist jedoch keine Erdgottheit, ihr Refugium sind Erde (Blumenwiese, Backofen, Apfelbaum) und Himmel (Schnee / Wetter) zugleich, wie es dem Große-Göttin-Mythos entspricht.

Da kann man schon eher einem Mann vertrauen, der Frau Holle gesehen haben will. Diel Breule aus Calbach stand im Jahre 1610 wegen Zauberei vor Gericht. Er hatte die „Frau Holt" gesehen: „Sie sah von vornher wie ein fein Weibsmensch und von hintenher wie ein hohler Baum mit rauhen Rinden aus." (nach Ingrid Pee) Frau Holle umfasst also sowohl den Lebens- als auch den Todesaspekt, was der Großen Göttin entspricht.

Schauen wir noch einmal genauer in das Märchen hinein, um konkretere Belege dafür zu finden, wer diese Frau Holle ist und wo sie herkommt.

Ein zentrales Motiv sind die gebackenen Brote, die aus dem heißen Ofen genommen werden wollen. Bis heute sind das Brotbacken und das Brotbrechen bedeutsame Rituale. Zu besonderen Gelegenheiten werden die Brotlaibe mit heiligen Zeichen und Mustern versehen. In allen frühen Zivilisationen galt das Brot als göttliche Gabe. An heiligen Stätten wurden Miniaturbacköfen und kleine Brotlaibe aus Ton gefunden. Brotbacken war Sache der Frauen. Neben dem Brotbackofen, unter der Feuerstelle, unter den Fundamenten von Häusern wurden Kultobjekte aus Stein, Knochen oder Ton gefunden: der allergrößte Teil der menschenähnlichen

Figurinen der Frühgeschichte sind weibliche Gestalten mit großen Brüsten, breiten Hüften und hervorgehobener Vulva. An einzelnen Fundstätten beträgt ihr Anteil über 90 Prozent. Meist sind sie verziert mit V-Zeichen (Symbol für die Vulva), Spiralmotiven oder Mäandern (Symbole des ewigen Lebensrhythmus). Dies weist einerseits auf eine bevorzugte Stellung der Frau in der Hausgemeinschaft und in der Sippe hin und andererseits auf einen lebendigen Große-Göttin-Kult. Die ältesten Darstellungen der Großen Göttin, die bislang in Mitteleuropa gefunden wurden, die so genannten Venusstatuetten, sind ca. 35.000 Jahre (Venus vom Hohle Stein) und 27.000 Jahre (Venus von Willendorf) alt (vgl. Abb. 6).

In den Sagen über Frau Holle wird berichtet, dass sie nicht nur als Frühlings- und Fruchtbarkeitsgöttin auftritt, sondern auch als schwarze Göttin das wütende Heer anführt, mit dem sie im Winter („zwischen den Jahren") unter schrecklichem Getöse über den Himmel jagt und die Seelen der Gestorbenen einfängt und ins Totenreich führt. Hier wird deutlich, dass Frau Holle als Göttin auch „typisch" männliche Aspekte umfasst. Diese Aspekte werden in germanischen Überlieferungen dann von „männlichen Begleitfiguren" übernommen, Frau Holles wildes Heer wird zu Wotans / Odins wildem Heer. Der jugendliche Heros als Partner oder Mann einer Göttin taucht erst auf, als die Reitervölker Südosteuropas den alteuropäischen matriarchalen Kulturen ihre „Kriegerelite übergestülpt" hatten (U. B. Peter). Historiker datieren diese Entwicklung auf 3.000 bis 1.000 v.u.Z. Dass es im Frau-Holle-Märchen keinen Prinzen (Heros) gibt, ist ein weiterer Beleg dafür, dass der Holle-Mythos bis in die Jahrtausende vor dieser Zeit zurück reicht. Damit ist auch klar, dass Frau Holle von ihrem Ursprung her keine Begleiterin eines (keltischen oder germanischen) Gottes sein kann.

Die Zeit zwischen dem Mond- und dem Sonnenjahr sind die Rau(h)nächte. Sie werden auch Mutternächte genannt, so wie die Weihnacht auch das Mutterfest genannt wurde, weil das Licht neu geboren wird. In dieser Zeit wurde der Holunderbaum (Hollerbaum) besonders geehrt, indem unter ihm Opferspeisen für Frau Holle abgelegt wurden. Mancherorts wird heute noch der Umzug der heiligen drei Könige mit drei Frauen an der Spitze durchgeführt (Jeanne Ruland). All dies sind weitere Hinweise darauf, dass Frau Holle die Personifizierung der allumfassenden Großen Göttin der frühen Menschheitsgeschichte ist. Und als Große Göttin ist sie sowohl männlich als auch weiblich.

Die von manchem Historiker aufgestellte Behauptung, es habe in den frühen Kulturen keinen Mutterkult gegeben, trifft nicht, denn die Verehrung der Großen Göttin bedeutet gar nicht die Verehrung der Frau/Mutter als Person oder der Fruchtbarkeit als solcher. Die Große Göttin ist eine Metapher für die Einheit allen Lebens.

Die Große Göttin Alteuropas ähnelt der südamerikanischen Pachamama, die ebenfalls nicht explizit weiblich ist, sondern eher als Schöpferin des Universums, als Mutter von Zeit und Raum zu verstehen ist, ähnlich wie Durga, die Große Göttin des Hinduismus. Die alteuropäische Große Göttin ist daher nicht eine Göttin der Frauen, sondern der Menschheit insgesamt. Durch Schwangerschaft und Geburt wird allerdings jeder Frau etwas von der Aura der Muttergöttin zuteil (Othmar Keel). Da mag der Mann als Mann schon ein wenig neidisch sein.

Dass selbst der Gott der Christen sowohl als Mann als auch als Frau gesehen werden kann, geht aus mehreren Bibelstellen hervor, insbesondere dieser hier: „Gott schuf den Menschen nach seinem Bilde; nach dem Bilde Gottes schuf er ihn; männlich und weiblich schuf er sie." (Genesis 1,27) Dass nahezu alle christlichen Wallfahrten zu Marien-Heiligtümern führen, macht die besondere Verehrung des weiblichen Teils des christlichen Gottes bis heute deutlich.

Urmütter oder Urgöttinnen finden sich in nahezu allen alten Kulturen. Der Höhepunkt der Muttergöttin-Verehrung in Europa wird von den Historikern auf die Jungsteinzeit (11.000 bis 3.000 v.u.Z.) datiert. In der Jungsteinzeit entwickelten sich erste Agrarkulturen, daher wird die Große Göttin in dieser Zeit eher als Mutter-Erde-Göttin gesehen. An vielen Orten in Europa sind die spirituellen Plätze zu finden, die zu ihrer Verehrung geschaffen wurden, vor allem in Spanien, Portugal, der Bretagne und Irland.

Archäologen und Historiker haben diese Plätze Ganggräber genannt, weil in ihnen menschliche Überreste bestattet wurden. Die Bezeichnung dieser Kultorte als Ganggräber ist jedoch irreführend. Kirchen würden wir auch nicht als Grabstätten bezeichnen, nur weil im Altarraum Menschen begraben liegen. Mit dem

Begriff Ganggrab wird auch die Form nicht treffend beschrieben.

Auf einer Bergkuppe wurden Steinsäulen aufgestellt und mit Steinplatten abgedeckt (Dolmen). Die Steine sind meist zwischen zwei und drei Metern hoch und ca. zwei Meter breit. Sie können 20 bis 40 Tonnen schwer sein. Über diesen Dolmen wurde ein Hügel aufgeschichtet (Tumulus). Der Eingang ist so niedrig, so dass man sich bücken muss. Es schließt sich ein schmaler Gang an, der sich zum Ende hin zu einem höheren runden Raum erweitert. Der Gang ist so angelegt, dass zur Wintersommerwende für wenige Stunden das Licht der aufgehenden Sonne allmählich in den Gang einfällt und schließlich den runden Raum erreicht.

Betrachtet man die symbolische Signatur eines solchen Platzes, so erkennt man, dass hier ein Venushügel mit einer Scheide und einer Gebärmutter dargestellt sind. Zur Wintersommerwende dringt das Licht in Mutter Erde ein und so wird ein neues fruchtbares Jahr geboren. Die menschlichen Überreste, die an den Seiten der "Gebärmutter" bestattet wurden, wurden auf diese Weise eng in den ewigen Rhythmus des Lebens von Geburt, Tod und Wiedergeburt eingebunden. Zwei besonders beeindruckende Beispiele einer solchen Kultstätte der Großen Göttin will ich hier kurz vorstellen.

In Gavriní (Bretagne, Golf von Morbihan) ist der Hügel acht Meter hoch und hat einen Durchmesser von 55 Metern. Der Gang ist ca. zwölf Meter lang und endet in einer rund zwei Meter hohen Kammer. Es gibt 23 verzierte Steinplatten an den Seiten (vgl. Abb. 7 und 8).

In Newgrange (Irland, nördlich Dublin) hat der Hügel einen Durchmesser von einhundert Metern, der Gang ist zwanzig Meter lang, die Kammer am Ende sechs Meter hoch. Die Tragsteine an den Wänden sind reich verziert mit Spiralen, Wellen, Mäandern, also den Große-Göttin-Symbolen. Vor dem Eingang liegt quer ein verzierter „Wächterstein" (vgl. Abb. 9). Die Tragsteine wurden zum Teil über See herangeschafft. Für die Bedeckung wurden ca. 200.000 Tonnen Felsgestein transportiert.

Kenntnisse, Organisation, Logistik und architektonischer Aufwand, die zum Bau dieser Monumente erforderlich waren, sind für uns heute unvorstellbar. Wie intensiv muss die Verbindung mit dem Lebensrhythmus - und damit mit der Großen Göttin - empfunden worden sein, dass er mit einem solchen Arbeitsaufwand symbolisch dargestellt wurde? Welche überragende Bedeutung müssen diese spirituellen Plätze im Leben der Menschen gehabt haben? Allein in Irland gibt es mehr als 200 von ihnen.

Mehrere Dorfgemeinschaften haben eine solche Kultstätte erbaut. Sie scheint jeweils der sakrale Zentralort gewesen zu sein, um den sich die Dörfer des Neolithikums gruppiert haben. Einen Herrscher, der Sklaven zu dieser Arbeit gezwungen haben könnte, gab es in der Jungsteinzeit nicht. Man geht davon aus, dass in diesem „Goldenen Zeitalter der Gleichheit" eine solche Leistung nur religiös motiviert gewesen sein kann.

Diese Kultstätten mit den seinerzeit verfügbaren Werkzeugen zu erstellen, ist sicher mit der Leistung zu vergleichen, heutzutage mit den uns zur Verfügung stehenden Werkzeugen ein Raumschiff zum Mond zu schicken. Wobei die Frage nach der symbolischen Bedeutung des letzteren offen bleibt.

Es ist erstaunlich, dass der Große-Göttin-Kult bis heute überleben konnte angesichts der vielen machtvollen Versuche, ihn aus der Welt zu schaffen. Der Große-Göttin-Mythos repräsentiert die älteste spirituelle Vorstellung vom Leben. Sie war bedeutsam für einen Zeitraum von etwa 40.000 v.u.Z. bis etwa 500 n.u.Z. mit einem Höhepunkt zur Jungsteinzeit in Mitteleuropa (ca. 6000 bis 2000 v.u.Z.). Noch im antiken Europa verkörperten die griechische Artemis und die römische Diana den Kern dieses Mythos.

Der Große-Göttin-Kult scheint dann jedoch durch die Christianisierung endgültig beseitigt worden zu sein. Das Christentum begann seinen Siegeszug in Mitteleuropa im achten Jahrhundert n.u.Z. mit Erzbischof Bonifatius, der im Auftrag von Papst Gregor II. Germanien missionieren sollte. Mit einem symbolischen Akt wollte er die Überlegenheit des Christentums gegenüber den heidnischen Kulten demonstrieren: er ließ eine heilige Eiche fällen, die Donar-Eiche bei Fritzlar in Hessen. Dass ihn nicht unverzüglich der Blitz traf, sollte klar machen, dass die heidnischen Götter machtlos seien. So ganz sicher müssen sich die christlichen Missionare jedoch nicht gewesen sein. An vielen frühgeschichtlichen heiligen

Orten wurden „sicherheitshalber" Kreuze, Altäre, Kapellen aufgestellt. Steinmonumente wurden in aufwendigen kirchlichen Exorzismus-Ritualen „gereinigt". All dies wäre überflüssig gewesen, hätten die Kirchenmänner nicht doch im Innersten geglaubt, dass diese heiligen Orte wirkungsvoll gewesen sind. Und sie sind es oft bis heute.

Die Missionierungsreisen von Bonifatius waren nur möglich, weil sich der fränkische Adel durch die christliche Kirche eine Sicherung seiner Herrschaft versprach. So profitierte Bonifatius vom finanziellen und militärischen Schutz des fränkischen Adels. Damit wurde das Christentum mit Beginn der Christianisierung Europas die Ideologie zur Unterwerfung unter einen allmächtigen strafenden Gott, der seine Macht von Kaiser und Papst ausüben lässt. (U. B. Peter)

Noch heute findet jährlich Anfang Juni in Fulda die Bonifatiuswallfahrt zur Verehrung dieses Missionars statt. Auch die evangelische Kirche hat Bonifatius zum „Märtyrer der Kirche" ernannt. Die Missachtung der Natur und die Instrumentalisierung des Glaubens für politische Machtzwecke sind mit dem Frau-Holle-Mythos allerdings unvereinbar.

Wie wir wissen, versuchte die christliche Kirche die Jahreszeitenfeste der Großen Göttin durch kirchliche Feiertage (Lichtmess, Ostern, Erntedank, Weihnacht etc.). zu verdrängen. Dennoch ist Anfang des 11. Jahrhunderts im Beichtspiegel des Burchard von Worms zu lesen: „Weiber gehorchen einer Göttin." Und in der Breslauer Handschrift zweihundert Jahre später wird beschrieben: „In der Nacht der Geburt Christi decken sie der Königin des Himmels, welche das Volk Frau Hulda nennt, den Tisch, dass sie ihnen beistehe." Offensichtlich wurde trotz aller Missionierung der Große-Göttin-Kult insgeheim weiter gelebt – vor allem wohl von den Frauen.

Auch in der besonderen Verehrung der Gottesmutter Maria hat ein Teil der Verehrung der Großen Göttin diese Jahrhunderte innerhalb des Christentums überlebt. Als der Bettelorden der Franziskaner im Laufe des 13. Jahrhunderts das Christentum zu einer Religion des Volkes machte, kam die Fruchtbarkeitsgöttin in Form der heiligen Maria wieder zur Geltung (U.B. Peter). Auch in der darstellenden Kunst wird das deutlich: Jesus verliert am Ende des Mittelalters in der christlichen Kunst seinen zentralen Platz in den Maria-mit-Kind-Darstellungen. Maria steht im Mittelpunkt, das

Jesuskind rückt zur Seite (vgl. Abb. 10). Im Barock schließlich wird sie als Himmelskönigin ohne Kind dargestellt, oft auf einer Mondsichel stehend mit Krone, Sternenkranz, blauem Gewand und Apfel, manchmal sogar mit einer Spindel. Die Verbindung zur Großen Göttin ist unübersehbar. Maria als Himmelsgöttin steht für das Göttliche in weiblicher Gestalt. Ihr sind nahezu alle großen christlichen Wallfahrtsorte gewidmet und als Madonna mit Kind ist sie die Standardskulptur für christliche Hausaltäre.

Die Große Göttin wurde von der christlichen Kirche aufgespalten in die zu verehrende heilige Mutter Maria einerseits und in die verachtungswürdige teuflische Hexe andererseits. Der Verfolgung von so genannten Ungläubigen, Heiden und Hexen durch die christliche Kirche fielen bis zum 18. Jahrhundert mehr als eine Million Menschen zum Opfer, die höchsten Schätzungen gehen von sechs Millionen Opfern aus.

Die durch das Christentum abgespaltene „unheilige" Seite der Großen Göttin überlebte auch im Symbol der Venus. So nannten die Archäologen des 19. Jahrhunderts die Tausende von Funden steinzeitlicher menschenähnlicher Figurinen jeweils „Venus von ..."

(z.B. die Venus von Willendorf). Auch in der bildenden Kunst gibt es eine Fülle von Venus-Darstellungen. Venus repräsentiert das haltende, verschlingende, archaische Weibliche, also das, was die Männer anzieht, ihnen aber zugleich auch Höllenqualen bereiten kann. Und als Kinder lockende und verschlingende Hexe überlebte der machtvolle und Angst einflößende Aspekt der Großen Göttin in Verkörperung der Hexe in vielen Sagen und Märchen. Frau Holle wird manchmal als hässliche Hexe, manchmal aber auch als gütige Alte dargestellt.

Nachdem der Große-Göttin-Mythos in vielerlei Bruchstücken und auf vielerlei Weise die Christianisierung und das Mittelalter überlebt hatte, schien ein neues Zeitalter diesem Mythos endgültig den Garaus zu machen: die Aufklärung. Gegen Unmündigkeit und Aberglauben sollte jetzt allein die Vorherrschaft des Verstandes alles zum Besseren wenden, auf das „finstere" Mittelalter sollte ein Zeitalter der Naturwissenschaften und damit des Lichts der Erkenntnis folgen. Vernunft, Emanzipation, Bildung, Menschenrechte, Gemeinwohl, Mündigkeit, Freiheit und Autonomie des Menschen sollten zur Rationalisierung und Entzauberung der Welt (Max Weber) führen. Große

Fortschritte in Technik und Politik beschleunigten den Wandel der Gesellschaften.

An die Stelle der Euphorie der Anfangszeit ist heutzutage jedoch Desillusionierung und Ernüchterung getreten. Kritiker beschreiben die Aufklärung heute als eine Strategie für bürgerliche Aufsteiger. Wir empfinden uns mittlerweile eher „als Erben von Krisen, die damals begonnen haben" (P. Sloterdijk), seien es globale wirtschaftliche Krisen, Umweltkatastrophen oder sich verschärfende internationale Konflikte.

Unsere Industrie- und Dienstleistungsgesellschaften – insbesondere die Finanzwelt – sind von vielen Facetten der Irrationalität geprägt, ganz im Gegensatz zur Vorstellung von einem aufgeklärten Zeitalter. „Das ist das eigentliche Signum unserer Zeit: Der verallgemeinerte Wettbewerb führt dazu, dass man sich stets mit anderen vergleicht; Geld, Güter und Besitz sind das wesentliche Kategoriensystem, in dem sich Erfolg und gesellschaftlicher Status misst. Diese Insignien müssen überdies auch ausgestellt werden, denn Erfolg ist nur dann Erfolg, wenn er möglichst sichtbar ist. Das ist die Pathologie einer Gesellschaft, in der Statuswettbewerb verallgemeinert ist." (Robert

Mit „der Marktwirtschaft triumphiert auch das Konkrete über das Imaginäre, die Welt des Materiellen über die Welt des Ätherischen und Transzendenten", ist eine der Schlussfolgerungen, die der Ethnologe U.B. Peter aus seiner Betrachtung der Geschichte Europas zieht. Rückblickend auf das Frau-Holle-Märchen könnte man sagen, wir befinden uns heute in Gesellschaften, die vom materiell geprägten Charakter der Pechmarie bestimmt sind. Aber es haben sich Alternativen entwickelt.

Angesichts eines zunehmenden Unbehagens gegenüber diesem Materialismus haben sich viele Menschen immer wieder auf die Suche nach spirituellen Ursprüngen gemacht. Was lag näher als auf die Traditionen fremder Kulturen, wie der nordamerikanischen Indianer, der lateinamerikanischen indigenen Völker oder der asiatischen Kulturen zurück zu greifen. Daraus entstand ein lukrativer Esoterik-Markt. Diese Entwicklung wurde wegen der Banalisierung und Kommerzialisierung schnell als New Age diffamiert. Versatzstücke aus „exotischen" Kulturen zusammen zu suchen, kommt einer kulturellen Ausbeutung in der Tradition des

Kolonialismus schon sehr nahe. Das American Indian Movement formulierte sogar eine „Kriegserklärung gegen die Ausbeutung der Lakota Spiritualität".

Der völkische Nationalismus hat sich schnell eines Teils des Neuheidentums bemächtigt, um über die Verehrung germanisch-deutscher Helden, politisches Kapital aus dieser Entwicklung zu schlagen. Die gegenwärtige Renaissance der Großen Göttin hat dagegen eine neue, spirituell tiefer gehende Qualität.

Dem auf die Verehrung der Großen Göttin zurück gehenden Frau-Holle-Kult muss schon eine besondere Kraft innewohnen, dass er trotz aller Bedrohung und Verfolgung immer noch gegenwärtig ist. Und nicht nur das. Es scheint so, als ob sich die vielen Bruchstücke des Große-Göttin-Mythos heute in einem wiederbelebten Frau-Holle-Kult zusammen finden und auf zunehmende Resonanz stoßen.

8. Frau Holle im Hier und Jetzt

Es ist keine Frage: Frau Holle ist „in"! Sie wurde in den letzten Jahren von den Marketing-Fachleuten zu einem „Alleinstellungsmerkmal in der Grimm Heimat Nordhessen" erkoren. Den Tourismus-Spezialisten geht es um „Storytelling", das heißt, Frau Holle wird in Geschichten gepackt, „die die Presse hören und verkaufen will" und „die dem potentiellen Kunden eingängig" sind. „Storytelling" ist die supermoderne, hippe Art des Märchenerzählens. So sind die Gebrüder Grimm mit ihrer Frau Holle im 21. Jahrhundert wieder Kult geworden. „Sehnsucht wecken, Gäste gewinnen", so hieß es auf dem Jahrestreffen der Grimm Heimat Nordhessen im Januar 2014. „Wir verkaufen keine Übernachtungen, sondern Glücksmomente", so das Motto.

Nach dreihundert Jahren Vorherrschaft von Vernunft, Wissenschaft und Technik gibt es offensichtlich eine weit verbreitete Sehnsucht nach Naturverbundenheit, wie auch an dem 2009 erschienenen Film „Avatar – Aufbruch nach Pandora" abzulesen ist. Er ist der finanziell bislang erfolgreichste Film, der je gedreht wurde, und spielte rund drei Milliarden US-Dollar ein.

Der Film beschreibt den Kampf einer technisch hochgerüsteten Macht gegen die Ureinwohner des Planeten Pandora, einem naturbelassenen Paradies. Sie verehren eine Große Göttin und ein riesiges Baumheiligtum.

Angesichts einer kompliziert gewordenen Welt und den damit verbundenen Krisen und Ängsten bietet die Rückkehr in den Schoß von „Mutter Erde" einen Ausweg in die Idylle. Eine ernsthafte Auseinandersetzung mit dem Holle-Mythos geht jedoch über die Schaffung einer kuscheligen Wohlfühlatmosphäre hinaus. Fassen wir also die Aussagen des Holle-Märchens und die Erfahrungen mit den Holle-Orten kurz zusammen, um zu erkennen, welche außerordentlich aktuelle Bedeutung der Frau-Holle-Mythos hat.

Die Ergebnisse der Entschlüsselung der Urbedeutung des Holle-Märchens führen zu der ersten Erkenntnis, dass wir es mit einer Geschichte der Initiation, der Einweihung in das Erwachsensein, zu tun haben. Erwachsen zu werden, stellt anspruchsvolle Anforderungen an jede und jeden. Am Beispiel der Goldmarie bekommen wir gezeigt, wie diese Anforderungen bewältigt werden können:

- sich von den fürsorglichen Eltern lösen (die Mutter / Stiefmutter verlassen),
- den inneren Schweinehund entlarven und überwinden (in den Brunnen springen, um die verlorene Spule wiederzufinden),
- sich nichts einreden lassen, sondern seiner Intuition vertrauen und aufrichtig seinem Herzen folgen (seinen Weg durch die Anderswelt / Innenwelt gehen),
- sich seinen Ängsten bewusst werden und sich ihnen stellen (der Frau Holle gegenüber treten),
- allein sein und in Stille für sich sein können (auf sich gestellt Frau Holles Haushalt führen),
- sich mit den Naturkräften und ihren Zyklen vertraut machen (zur rechten Zeit die Brote aus dem Ofen nehmen und die Äpfel ernten, die Betten schütteln),
- seine Mitte finden und sich mit den Ahnen und der eigenen Geschichte verbinden (innerlich gereift zur Familie zurückkehren).

Nachdem Goldmarie das Tor des Frau-Holle-Reiches am Ende durchschritten hat, stehen ihr noch weitere Anforderungen bevor, denn erwachsen werden ist ein lebenslanger Prozess:

- sich spirituell mit den zentralen Lebensfragen
auseinander setzen:
wer bin ich, wo komme ich her, wo gehe ich hin,
- seine Berufung, seine Lebensaufgabe finden
und sie erfüllen.

Wenn die junge Frau im Laufe ihres Lebens all diese Aufgaben erfolgreich bewältigt hat, kann sie – als alte Frau – auf ein erfülltes Leben zurück blicken.
Und wir können uns fragen, wie weit wir selbst auf diesem Weg des Erwachsenwerdens gekommen sind.
Oder anders herum: wie stark haben wir unser Leben dem Oberflächlichen und Materiellen verschrieben wie die Pechmarie?

Die erste Menstruation zu erleben, eine Schwangerschaft durchzustehen, ein Kind zu gebären und zu erziehen, das sind für eine Frau existenzielle Erfahrungen, die einer Einweihung ins Erwachsenenleben - also einer Initiation - gleichkommen. Mit der Behauptung allerdings: „Ohne Kinder wird man nicht erwachsen!", lassen sich heftige Kontroversen auslösen.

Da im Frau-Holle-Märchen kein Mann vorkommt, könnte man meinen, dies sei ein Märchen für Mädchen und junge Frauen. Vordergründig ist das so, aber die Kernaussage hat heutzutage gerade auch eine besondere Bedeutung für die jungen Männer. Koma-Saufen, Großmäuligkeit, Gewalttätigkeit und PS-Geprotze sind hilflose Versuche, Erwachsensein darzustellen. Immer wieder berichten die Medien über neue Auswüchse in dieser Richtung, wie z. B. U-Bahn-Surfing oder Roofing (Dachwandeln auf Hochhäusern, Antennenanlagen oder Baukränen). Nicht wenige dieser Mutproben enden tödlich.

Wahrscheinlich sind Computerspiele auch deshalb so beliebt geworden, weil sie entsprechende Heldentaten gefahrlos ermöglichen. Dennoch bleiben diese Aktionen unbefriedigend. Den meisten jungen Menschen in den sogenannten entwickelten Gesellschaften fehlen ernsthafte Initiationsrituale und lebensbejahende Erfahrungen, die ihnen den Übergang ins Erwachsensein ermöglichen. Einer Initiation im Sinne der Großen Göttin entspricht dies jedenfalls nicht, denn diese hat nichts mit Heldentaten zu tun. In ihrem Sinne bedeutet Initiation mutig sein, auf andere zugehen, sich für Unbekanntes öffnen und eigene Vorstellungen immer wieder in Frage stellen zu können.

Heute gelingt es (besonders den jungen Männern) immer später, die Annehmlichkeiten des „Hotel Mama" hinter sich zu lassen. Rund drei Viertel aller männlichen Jugendlichen zwischen 18 und 24 Jahren wohnen derzeit in Deutschland noch bei ihren Eltern. Die lange Dauer der Ausbildung, die Knappheit der Arbeitsplätze und die zu geringen Einkommen tragen ihren Teil dazu bei. Die Psychologen beschreiben als eine Folge dieser Entwicklung eine deutliche Verzögerung der Persönlichkeitsentwicklung.

Eine längere Auslandsreise nach der Schulausbildung (work-and-travel, au-pair o.ä.) ist z. B. ein erfolgversprechender Weg, den inzwischen manche Jugendliche gehen. Abenteuer und Mutproben erleben Kinder und Jugendliche auch in den Pfadfinderverbänden, insbesondere wenn sie autonom und selbstverantwortlich „auf Fahrt gehen". Wesentliche Schritte einer Initiation können auf diese Weise einzeln und zugleich in der Gemeinschaft gegangen werden. Und schließlich kann das zunehmende Angebot privater Anbieter genutzt werden, die erlebnispädagogische Erfahrungen in der Natur vermitteln sowie

Übergangsrituale, Walk-aways und Methoden zur Visionssuche gestalten. All diese Erlebnisse enthalten zugleich spirituelle Aspekte, was sie von den weiter oben aufgezählten Initiationsversuchen unterscheidet.

Initiation bedeutet einerseits, seinen Platz im sozialen Gefüge der jeweiligen Kultur selbstbewusst und anerkannt einzunehmen, andererseits aber auch, den Phantasien und Energien der initiierten jungen Menschen Raum zur Verwirklichung zu geben, um eine Gesellschaft offen und wandlungsfähig zu halten (U.B. Peter). Wird dieser Raum den Jugendlichen nicht gewährt, verliert die Gesellschaft eine wichtige Chance zur kraftvollen Erneuerung.

Ein indigener Schamane in den bolivianischen Anden hat mich einmal mit der Einschätzung konfrontiert, dass in seinen Augen die Menschen der materiell orientierten westlichen Welt Kinder geblieben seien, weil sie nicht gelernt hätten, die spirituellen Aspekte des Lebens zu achten und mit ihnen umzugehen. In spirituellem Sinn bedeutet Initiation die Reise zu Gott bzw. zur Göttin.

Die zweite Erkenntnis aus dem Frau-Holle-Märchen lautet, dass ein Leben scheitert, wenn es ausschließlich auf das Materielle, auf Neid und Täuschung ausgerichtet ist, so wie Pechmarie es verkörpert. Nur ein Leben, das spirituell verankert ist, kann zu innerem Reichtum und Weisheit führen (Goldmarie).

Wir Menschen der so genannten entwickelten Welt leben in einer (Un)Kultur des Nehmens, getrieben von der ständigen Angst zu kurz zu kommen. Das Begehren des Konsumenten steht nie still und befeuert das ausufernde Wachstum unserer Wirtschaftsweise. In der Person der Pechmarie wird uns der Spiegel vorgehalten und wir bekommen symbolhaft gezeigt, wohin die rücksichtslose Jagd nach materiellem Reichtum führt. Eine Welt, in der alles seinen Preis hat und alles als Kostenfrage behandelt wird, ist blind für alles Spirituelle, letztlich für alles Lebenswerte. Wenn wir ein erfolgreiches Leben an der Höhe eines Gehaltes oder der Größe eines Autos bemessen, haben wir jegliches Maß für Menschlichkeit verloren.

Heute besteht das Pech, mit dem Pechmarie letztlich überschüttet wird, in Burnout, Midlife Crisis und Depressionen. Dadurch werden wir vor unsere Lebensfragen gestellt: Wie eingefahren ist mein Leben? Lebe ich die Existenz, die ich gewollt habe? Lebe ich mein Leben oder werde ich gelebt?

Und welche Antwort liefert uns das Frau-Holle-Märchen auf diese Fragen? Jedenfalls nicht die, die uns eine Vielzahl von Lebensberatungs-Sachbüchern liefern, nämlich uns und unser Leben nach allen Regeln der Kunst zu optimieren, um aus dem allseitigen Wettbewerb jede(r) gegen jede(n) siegreich hervor zu gehen. Demgemäß wird uns geraten, unser Leben wie einen Werbespot oder Web-Auftritt zu „designen", das heißt, wir sollen unser Leben mit Hilfe von „tools", Theorien und Modellen mit „Life Design" planen und entwickeln, um unsere „Ressourcen" für Karriere und Beruf erfolgreich auszuschöpfen.

Der Weg der Goldmarie legt uns etwas anderes nahe. Die Aufgaben des Lebens kommen auf uns zu und wir stellen uns ihnen, ohne in Klagen und Jammern zu verfallen. Dabei geht es darum, nicht vor den Problemen davon zu laufen, um die Schwierigkeiten zu umgehen, sondern unseren Ängsten furchtlos gegenüber zu treten, unseren inneren Schweinehund zu überwinden und uns spirituell mit der Natur und unseren Mitmenschen zu verbinden.

Und drittens schließlich geben uns das Frau-Holle-Märchen und die heiligen Frau-Holle-Orte Hinweise auf unsere spirituellen Wurzeln. Wie wir gesehen haben, lassen sich vielfältige Verbindungen zwischen der überlieferten Frau-Holle-Gestalt und der Großen Göttin der Frühzeit der Menschheitsgeschichte nachweisen. Damit ist nicht ein „Zurück zu Mutter Erde", zum „naturhaften Wesen des Weiblichen" gemeint. Das wäre geradezu anti-emanzipatorisch.

Frau Holle als Stellvertreterin der Großen Göttin repräsentiert eine besondere Form der Spiritualität, in der der Mensch sich als Teil der Natur (wenn nicht gar als ihr Diener) empfindet und das Göttliche in sich und in allem sieht, was ihn umgibt. Die alteuropäischen Gesellschaften, die die Große Göttin besonders verehrten, waren friedliche Gesellschaften, in denen Männer und Frauen gleiche Rechte hatten (Haarmann).

Der Große-Göttin-Mythos schließt niemanden aus. Diese Spiritualität braucht keine heiligen Schriften, keine Dogmen, keine hierarchische Organisation, keine äußeren Formen. Eine Religion der Großen Göttin gibt es daher nicht und kann es auch nicht geben.

Spirituell verankertes Leben ist geprägt vom Schamanismus. Den Kern des europäischen Schamanismus stellt der Große-Göttin-Kult dar. „Die Weltsicht des Schamanismus beruht auf eigener Erfahrung und dem daraus entsprungenen Wissen, dass alles Lebendige einen Geist hat und ein seinem Wesen entsprechendes Bewusstsein." (Nana Nauwald).

Heute ein spirituell verankertes Leben zu führen, bedeutet also, die Verbindungen zu den Ahnen neu zu knüpfen, in Resonanz zu Pflanzen, Tieren, Orten zu treten, Kraftplätze zu finden oder wieder aufzubauen und die Beziehungen zu unseren Mitmenschen liebevoll zu gestalten. Dies bedeutet die Wieder-Beseelung der Natur, ja der Welt. Der Schamanin und dem Schamanen zeigen sich Elfen, Naturgeister und Engel – in welcher Form auch immer. Geistige Kräfte und Naturkräfte sind die unerschöpflichen Energiereservoire, aus denen ein spiritueller Mensch schöpfen kann. Dabei schwingt die Überzeugung mit, dass Teilen die bessere Überlebensstrategie ist als Kampf. Das lässt sich nicht über Wochenendkurse mit Trommelreisen, Vollmondwanderungen und Schwitzhüttenbesuch als kurzes spirituelles Event erledigen. Es bedeutet vielmehr, einen anderen Lebensweg einzuschlagen.

Die Ansätze, in dieser Richtung neue Wege zu gehen, sind mittlerweile vielfältig und unüberschaubar geworden. So sind gleichzeitig mit der Emanzipationsbewegung des 20. Jahrhunderts Hexen-Gruppen entstanden, in denen Frauen sich ihrer Kraft und ihrer Macht bewusst werden. Die Beschäftigung mit Heilkräutern und vorchristlichen Mythologien wurde attraktiv, Jahreskreisfeste werden wieder gefeiert (vgl. Neopaganismus, modernes Druidentum u.ä.). Ein internationales Goddess-Movement ist entstanden (http://www.goddessconference.com), um den Mythos der Großen Göttin weltweit wiederzubeleben. Geomantie-Gruppen beschäftigen sich mit den Energieströmen und -feldern bestimmter Orte und bekommen immer mehr Zulauf. Ein internationaler Rat der Großmütter überliefert die schamanischen und spirituellen Erfahrungen verschiedener Völker (http://www.grandmotherscouncil.org, http://followthegoldenpath.org).

Auf politischer Ebene ist ausgehend von der Pachamama-Tradition der indigenen lateinamerikanischen Völker der Gedanke des „buen vivir" sogar in die Verfassungen Boliviens und Ecuadors aufgenommen worden. Damit wird als Staatsziel ein

Zusammenleben in Vielfalt und Harmonie angestrebt, womit man sich bewusst der kapitalistisch geprägten Vereinnahmung durch die USA und der industrialisierten westlichen Welt entgegen stellt (Boliviens Außenminister David Choquehuanca im Interview in der TAZ vom 10.11.2012).

Im weitesten Sinne kann auch die weltweite Rainbow-Bewegung in diese Entwicklung einbezogen werden, die im Sinne von Spiritualität, Gewaltfreiheit, Umweltschutz, Basisdemokratie vor allem Treffen für junge Menschen organisiert, die sich einem naturverbundenen Leben verschrieben haben. Zu den größeren Rainbow-Treffen auf allen Kontinenten reisen mittlerweile mehrere Tausend Menschen an (http://www.welcomehome.org/rainbow/index.html).

Und nicht zuletzt besuchen Jahr für Jahr immer mehr Menschen die heiligen Orte der Frau Holle am Hohen Meißner und nicht wenige bringen Gaben für die Große Göttin mit und feiern hier ihre Rituale.

Die im Märchen von Frau Holle verschlüsselte Symbolik verweist uns auf die ältesten Wurzeln des Große-Göttin-Mythos in Europa. In der durchtechnisierten, hyperaktiven Gesellschaft verschaffen wir uns Ruhepausen und Verankerung durch spirituelle Versenkung, indem wir uns mit heiligen Orten verbinden. Der Austausch spiritueller Erfahrungen führt uns aus der Vereinzelung in die Gruppe und zur Klärung unserer elementaren Lebensfragen, ohne uns irgendwelchen Zwängen oder Konventionen unterwerfen zu müssen.

Auf diese Weise können wir heute mit dem Große-Göttin-Mythos einen europäischen spirituellen Urgrund wieder entdecken und feiern, der uns mit vielen Kulturen weltweit verbindet. „Die Spiritualität Alt-Europas, gefeiert in jeder Handlung des gemeinschaftlichen Lebens, ist die heilige innere Beziehung aller Dinge zueinander" (Joan Marler). Aus dem Frau-Holle-Mythos kann Kraft geschöpft werden. Die Welt verändern wird er erst, wenn er gelebt wird. „Visionen sind Pfade der Lebenskraft, keine Sehnsuchtsseufzer." (Hildegard Fuhrberg in Connection Schamanismus Nr.10).

Alle Gruppen, die sich mit dem Große-Göttin-Mythos verbinden, entwickeln im Hintergrund unserer kapitalistisch-materialistisch und kriegerisch geprägten

Gegenwart eine neue weltumspannende Kultur der Zukunft. Diese Entwicklung wird geprägt von Menschen, die ihre Einweihungsaufgaben bewältigt haben, so wie sie uns in der Person der Goldmarie im Frau-Holle-Märchen gespiegelt werden. Das Denken dieser Menschen wird nicht länger vom Rechnen und Kalkulieren bestimmt, sondern von Gemeinsinn, moralischen Werturteilen und dem Vertrauen auf die Intuition. Die Kennzeichen dieser Kultur sind die Seelenverwandtschaft aller Lebewesen, die Verbundenheit mit der Natur, die Demut und der friedvolle Umgang miteinander.

„Wir leben immer noch unter der Herrschaft dieser aggressiven männlichen Invasion und entdecken nun unsere lange Entfremdung von dem authentischen europäischen Erbe: einer gylanischen*, nichtgewaltsamen, erdzentrierten Kultur. Doch die Zyklen haben niemals aufgehört, sich zu drehen, und nun sehen wir die Göttin wieder auftauchen aus den Wäldern und von den Bergen, um uns für die Zukunft Hoffnung zu bringen und uns zu unseren ältesten menschlichen Wurzeln zurückzuführen." (Marija Gimbutas). (*Verbindung von griech. „gy" = Frau und „an" von andros = Mann)

Gebet an die Schöpferin des Universums

Schöpferin des Universums,
lass dein Licht leuchten in uns,
damit wir es hinein tragen in unsere Welt -
deine Kraft wirkt in uns und durch uns
in allem und durch alles -
nähre uns und führe uns zur Einsicht,
löse, was uns ans Dunkle bindet
wie auch wir lösen die Fesseln,
mit denen wir andere an uns binden -
lass uns nicht in die Irre laufen
und ermutige uns,
den Weg des Lichts zu gehen -
aus dir kommt die allumfassende Liebe,
die lebendige Kraft zu handeln,
die Harmonie, in der alles klingt -
unseren Weg wollen wir gehen
in deinem Sinne.
So sei es.

(Don Saúcomaduro)

Danksagung

Für die Durchsicht meines Manuskripts zu diesem Buch, für ihre Fragen und hilfreichen Anregungen bedanke ich mich von Herzen bei Martin Eldagsen, Laura Schwirten und Barbara Sommer. Ebenso danken möchte ich Astrid Gottschalk, die sich viel Zeit genommen hat, um meinen Fotos ein professionelles Design zu geben.

Ein besonderer Dank geht an die Jugendlichen, die 1992 und 1993 ein Theaterstück und ein Tanztheater zu Frau Holle im Werra-Meißner-Kreis erarbeitet und aufgeführt haben. Dies war sozusagen der Startschuss für mich, mich intensiver mit Frau Holle zu beschäftigen.

Dieses Buch wäre nicht entstanden ohne die liebevolle Unterstützung meiner Frau, Ute Wilke-Richert, die mir den Weg in die spirituelle Welt gezeigt hat. Ihre Begleitung ist mir wie ein Lebenselixier.

Kontakt

Anregungen und Kommentare zu diesem Buch schreiben Sie bitte auf
http://www.blog.de/group/frauholle
oder schicken Sie sie über den Link „Kontakte" auf der Webseite www.goettinholle.jimdo.com.

Bibliografie

1. Akashe-Böhme, Farideh: Exotismus, Naturschwärmerei und die Ideologie von der fremden Frau, in: Ein Herrenvolk von Untertanen, Rassismus – Nationalismus – Sexismus, hg. von Foitzik, Andreas et al., Duisburg 1992 (http://www.diss-duisburg.de/Internetbibliothek/Buecher/Herrenvolk/ Herrenvolk.htm)

2. Beichhold, Ilse: Der Zauberstrauch, Märchen und Sagen aus dem Meißnerland, Gudensberg-Gleichen 1989

3. Bröckers, Mathias: Atomtelepathie, in Die Tageszeitung (TAZ) vom 01.03.1994

4. Burckhardt, Lucius: Warum ist Landschaft schön?, Die Spaziergangswissenschaft, Kassel, 1980

5. Conard, Nicolas J.: Die Venus vom Hohle Fels, Fundstücke 1, Museumsheft 9, Urgeschichtliches Museum Blaubeuren 2010

6. Dahlke, Margit und Rüdiger: Okkultismus, Der Esoterik-Boom, Ursachen, Gefahren, Chancen, München, 3. Aufl. 1993

7. Drewermann, Eugen / Neuhaus, Ingritt: Frau Holle, Grimms Märchen tiefenpsychologisch gedeutet, Olten, 8. Aufl. 1990

8. Dürr, Hans-Peter: verschiedene Vorträge auf www.youtube.com/results?search_query=Hans-Peter+Dürr

9. Espinoza, Luis (Chamalú): Janajpacha – Los Secretos del Chamanismo Andino, Barcelona 1991 (engl.: The Gate of Paradise, Secrets of Andean Shamanism, Bath, UK, 1998)

10. Etymologisches Wörterbuch des Deutschen, erarbeitet unter der Leitung von Wolfgang Pfeifer, 6. Aufl., München 2003

11. Evans-Wentz, W. Y.: The fairy faith in celtic countries, Oxford 1911

12. Fasold, Regina / Lauer, Bernhard (Hg.): Grimms Märchen in der DDR, Ideologie und Phantasie, Kassel und Heiligenstadt 2012

13. Francia, Luisa: In den Gärten der Kore, Visionen aus einem weiblichen Universum, München 2003

14. Francia, Luisa: Berühre Wega, kehr' zur Erde zurück, Trancen, Meditationen und Rituale mit Sternen, München, 7. Aufl. 1994

15. Francia, Luisa: Mond, Tanz, Magie, München, 2. Aufl. 1986

16. Frau Holle weiß mehr vom Leben, Dokumentation des Jugendkulturprojektes „Frau Holle", BDP Nordhessen, 1992

17. Fromm, Erich: Märchen, Mythen, Träume, Hamburg 1981

18. Gardenstone: Göttin Holle, Auf der Suche nach einer alten Göttin, Engerda 2002

19. Gaube, Karin / Pechmann, Alexander von: Magie, Matriarchat und Marienkult, Frauen und Religion, Versuch einer Bestandsaufnahme, Reinbek/Hamburg 1986

20. Gimbutas, Marija: The Living Goddesses, Berkeley, Los Angeles, 2001

21. Göttner-Abendroth, Heide: Frau Holle und das Feenvolk der Dolomiten, Die großen Göttinnenmythen Mitteleuropas und der Alpen, Königstein/Taunus 2005

22. Göttner-Abendroth, Heide: Die Göttin und ihr Heros, München, 10. Aufl. 1993

23. Göttner-Abendroth, Heide: Für die Musen, Frankfurt/M. 4. Aufl. 1989

24. Goldwin, Sergius: Die weisen Frauen, die Hexen und ihr Heilwissen, Basel 1982

25. Gray, Miranda: Roter Mond, Von der Kraft des weiblichen Zyklus, München 1996

26. Heidenreich, Bernd / Grothe, Ewald (Hg.): Die Grimms, Kultur und Politik, Frankfurt 2008

27. Haarmann, Harald: Das Rätsel der Donauzivilisation, Die Entdeckung der ältesten Hochkultur Europas, München 2011

28. Jäger, Williges: Wiederkehr der Mystik, Das Ewige im Jetzt erfahren, Freiburg i.B. 2013

29. Johnson, Paul: The little people of the British isles, Glastonbury 2008

30. Keel, Othmar: Gott weiblich, Eine verborgene Seite des biblischen Gottes, Freiburg, CH, 2. Aufl. 2008

31. Kluge, Friedrich: Etymologisches Wörterbuch der deutschen Sprache, bearb. von Elmar Seebold, 23. Auflage, Berlin 1999

32. Kollmann, Karl: Frau Holle und das Meißnerland, Einem Mythos auf der Spur, Eschwege 2005

33. Kraneburg, Marcus: Grimmsche Märchen als Spiegel der Seele, Ein Arbeitsbuch für Eltern, Erzieher und Lehrer, Stuttgart, Berlin 2008

34. McDonnell, Hector: Holy hills & pagan places of Ireland, Glastonbury 2008

35. Metzinger, Thomas: Der Ego Tunnel, Eine neue Philosophie des Selbst: Von der Hirnforschung zur Bewusstseinsethik, München 2014

36. Paetow, Karl: Frau Holle, Volksmärchen und Sagen, Husum, 3. Aufl. 1986

37. Pinkola Estés, Clarissa: Die Wolfsfrau, Die Kraft der weiblichen Urinstinkte, München,19. Aufl. 1993

38. Pogačnik, Marko: Die Tochter der Erde, Die Wiedergeburt des göttlichen Weiblichen, Aarau, CH, 2002

39. Pogačnik, Marko: Die Landschaft der Göttin, Heilungsprojekte in bedrohten Regionen Europas, München, Neuauflage 1997

40. Reden, Sibylle von: Die Megalith-Kulturen, Zeugnisse einer verschollenen Urreligion, Köln 1982

41. Rüttner-Cova, Sonja: Frau Holle, Die gestürzte Göttin, Märchen, Mythen, Matriarchat, Basel, 2. Aufl. 1988

42. Schäfer, Martina: Die magischen Stätten der Frauen, Reiseführer durch Europa, München 2000

43. Starhawk: Mit Hexenmacht die Welt verändern, Freiburg/Breisgau 1991

44. Stemp, Richard: Die geheime Sprache der Kirchen und Kathedralen, Wien 2011

45. Sprache der Göttin, Symbolik im neolithischen Alt-Europa, Katalog zur Ausstellung, Frauenmuseum, Wiesbaden 1994

46. Wetzel, Christoph: Das große Lexikon der Symbole, Darmstadt, 2. Aufl., 2011

47. Whitmont, Edward C.: Die Rückkehr der Göttin, Von der Kraft des Weiblichen in Individuum und Gesellschaft, München 1993

48. Zankl, Heinrich: Der große Irrtum, Wo die Wissenschaft sich täuschte, Darmstadt, 2. Aufl. 2010

49. Zingsem, Vera: Göttinnen großer Kulturen, Köln 2008